CÁLLATE

El poder de mantener la boca cerrada
en un mundo de ruido incesante

DAN LYONS

CÁLLATE

El poder de mantener la boca cerrada
en un mundo de ruido incesante

DAN LYONS

Traducción de
Magdalena Palmer

Título original:

STFU: The Power of Keeping Your Mouth
Shut in an Endlessly Noisy World (2023)

© Del libro:

Dan Lyons

© De la traducción:

Magdalena Palmer

© De esta edición:

Capitán Swing Libros, S. L.

c/ Rafael Finat 58, 2º 4 - 28044 Madrid

Tlf: (+34) 630 022 531

contacto@capitanswing.com

capitanswing.com

© Diseño gráfico:

Filo Estudio - filoestudio.com

Corrección ortotipográfica:

Victoria Parra Ortiz

ISBN: 978-84-127084-9-3

Depósito Legal: M-21848-2023

Código BIC: FV

Impreso en España / *Printed in Spain*

Artes Gráficas Cofás, Móstoles (Madrid)

Índice

CÁLLATE

El poder de mantener la boca cerrada
en un mundo de ruido incesante

Para Sasha, Sonya y Paul.

*«¿Hace falta que todas las personas de
este planeta expresen al mismo tiempo todas
sus opiniones sobre todo lo que ocurre?
¿Hace falta? O, por decirlo de otro modo,
¿nadie puede cerrar la puta boca?
¿Puede alguien guardarse su opinión sobre algo
durante… una hora? ¿Es eso posible?».*

CÁLLATE

Introducción

O s lo digo como amigo, así que no os lo toméis a mal, por favor. Pero quiero que cerréis la puta boca.

No por mi bien. Por el vuestro.

Aprender a callar os cambiará la vida. Os hará más inteligentes, más simpáticos, más creativos y más poderosos. Puede que hasta os prolongue la vida. Las personas que hablan menos tienen más probabilidades de ascender en el trabajo y de imponerse en las negociaciones. Hablar con intención —es decir, no hablar sin más— mejora nuestras relaciones, nos convierte en mejores padres y puede aumentar nuestro bienestar psicológico e incluso físico. Hace unos años, investigadores de la Universidad de Arizona descubrieron que las personas que pasan menos tiempo parloteando y dedican más tiempo a conversaciones sustanciosas son más felices que el resto, hasta el punto de que tener buenas conversaciones, escribieron, «podría ser un elemento esencial para disfrutar de una vida satisfactoria».

Sin embargo, si no conseguís callaros…, acabaréis jodidos.

Os lo digo yo, hablador empedernido, porque lo he pagado caro…, en una ocasión con millones de dólares. El problema no es solo que hable demasiado; es que nunca he podido resistirme a soltar cosas inapropiadas ni a guardarme mis opiniones. Casi siempre sabía, incluso cuando las palabras salían de mi boca, que me arrepentiría y sufriría por haberlas dicho. Pero las soltaba igualmente.

Por suerte he dedicado la mayor parte de mi carrera a trabajar como periodista de temas tecnológicos para *Forbes* y *Newsweek*. Los lenguaraces pueden sobrevivir en el periodismo. De hecho, es prácticamente imposible dedicarse a ello si no se es lo bastante odioso como para decir cosas que la gente no quiere oír. Mientras trabajaba para revistas empecé a escribir humor, otro campo muy adecuado para las personas que no pueden mantener la boca cerrada. Empecé un blog en el que me hacía pasar por Steve Jobs, presidente de Apple, que era divertido pero a veces pecaba de mal gusto. El blog me llevó a un contrato para escribir un libro, que a su vez me llevó a un contrato para crear un programa de televisión, que a su vez me llevó a que me contrataran como guionista en una comedia de HBO, *Silicon Valley*, y todo eso me llevó a que me pidieran discursos. Cuanto más temerario me volvía al hablar, mejor me iban las cosas.

Por supuesto, el karma acabó por alcanzarme. Y fue cuando, pensando que iba a forrarme, me abrí camino hablando hasta conseguir un empleo de mercadotecnia en una *startup* de *software* que estaba a punto de salir a bolsa. La empresa me ofrecía un sueldo estupendo, beneficios increíbles y un generoso paquete de participación accionarial. El reto era que, para conseguir todas mis opciones de compra, tenía que trabajar allí un mínimo de cuatro años. Y el mundo empresarial no toleraría mi locuacidad.

—Vas a tener que morderte MUCHO la lengua —me advirtió un amigo periodista.

—Lo sé, pero puedo conseguirlo.

—Bien, buena suerte —me dijo—. No creo que dures ni un año.

Muchos periodistas consiguen hacer la transición, entre ellos algunos de mis amigos y antiguos colegas. Si ellos pudieron, ¿por qué yo no? Me imaginaba como concursante de un programa de telerrealidad, *Supervivientes: Startup*, donde, en lugar de comer bichos, tendría que tragar kilos de propaganda corporativa y fingir que me parecía deliciosa.

Pensé que la promesa de semejante El Dorado me mantendría a raya. En lugar de eso, insulté al director general en una publicación impulsiva de Facebook y me expulsaron de la isla al cabo de veinte meses. Un día, seis años después, por curiosidad, miré el precio de las acciones de la empresa, eché cuentas y descubrí, para mi consternación, que si hubiera durado cuatro años y hubiese conservado todas mis acciones, ahora valdrían ocho millones de dólares.

Ese fue mi desastre más costoso, pero no es ni mucho menos la única desgracia que me he buscado, ni siquiera la peor. Llegó un punto en que mi forma compulsiva de hablar y mi falta de control hicieron que me separase de mi mujer y casi me costaron el matrimonio. Fue entonces, mientras vivía solo en una casa alquilada lejos de mi mujer y de mis hijos, cuando llevé a cabo lo que los miembros de Alcohólicos Anónimos denominan un «inventario moral introspectivo e intrépido» de mi persona y reconocí que, de formas tanto importantes como banales, hablar demasiado interfería en mi vida. Eso me llevó a buscar respuestas a dos preguntas: ¿por qué algunas personas hablan de forma compulsiva? Y: ¿cómo podemos solucionarlo?

A partir de ahí descubrí algo más, y es que todos, no solo los locuaces, salimos ganando si hablamos menos, escuchamos más y nos comunicamos con intención. Es un camino a la felicidad, una forma de mejorar nuestras vidas inconmensurablemente. Me propuse aprender a evitar las calamidades, pero descubrí ideas y desarrollé prácticas que pueden mejorar la vida de todos. El problema no solo soy yo. No solo sois vosotros. El mundo entero tiene que cerrar la puta boca.

Todos hablamos demasiado

El mundo está repleto de personas que hablan más de la cuenta. Nos las cruzamos constantemente. Son esa plaga en la oficina que nos destroza los lunes relatando cada acto completamente irrelevante de su fin de semana. Es ese imbécil inconsciente que no deja hablar a nadie en una cena mientras los demás fantasean con echarle cicuta a su copa de pinot noir. Es el vecino que llega sin invitación y se pasa una hora contándote historias que ya has oído, el arrogante sabelotodo que interrumpe a los colegas en las reuniones, el humorista que suelta un insulto racista y tira por la borda su carrera, el director general cuyo imprudente tuit hace que le acusen de fraude bursátil.

Francamente, también somos la mayoría de nosotros.

No es culpa nuestra, al menos no del todo. Vivimos en un mundo que no solo fomenta la locuacidad sino que prácticamente la exige, donde el éxito se mide por cuánta atención podemos atraer: conseguir un millón de seguidores en Twitter, convertirnos en una persona influyente en Instagram, hacer un vídeo viral, dar una charla TED. Estamos inundados de pódcast, *youtubers*, redes sociales, aplicaciones de chats, televisiones por cable. ¿Sabíais que hay más de 2 millones de pódcast que han producido 48 millones de episodios, y que la mitad de esos episodios han recibido menos de 26 descargas? ¿O que se producen más de tres mil TEDx al año, en las que participan hasta veinte aspirantes a Malcolm Gladwell en cada una? ¿O que los estadounidenses asisten a más de mil millones de reuniones anuales, pero solo el once por ciento son productivas y la mitad son una completa pérdida de tiempo? Tuiteamos por tuitear, hablamos por hablar.

Sin embargo, las personas con más poder y éxito hacen exactamente lo contrario. En lugar de llamar la atención, se contienen. Cuando hablan, miden lo que dicen. Tim Cook, consejero delegado de Apple, hace pausas incómodas en sus conversaciones. Jack Dorsey cofundó Twitter y fue su director general, pero lo usa con moderación. Incluso Richard Branson, *showman* implacable y rey del autobombo, ensalza las virtudes de ser sucinto en las reuniones. Albert Einstein odiaba el teléfono y lo evitaba en la medida de lo posible.[1] La difunta jueza del Tribunal Supremo Ruth Bader Ginsburg elegía sus palabras con tanto cuidado y hacía pausas tan dolorosamente largas que sus secretarios desarrollaron una costumbre que llamaron «la regla de los dos Misisipi»: termina lo que estás diciendo y luego cuenta «Un Misisipi…, dos Misisipi» antes de volver a hablar. No es que la jueza no escuchara, es que estaba pensando… muy… profundamente… en su respuesta. Uno de los consejos más famosos de Ruth Bader Ginsburg era que, en el matrimonio y en el trabajo, «estar un poco sordo a veces ayuda».

Habla menos, consigue más. Este libro trata sobre cómo podemos aprender a relacionarnos con el mundo de formas que nos resulten ventajosas. Puede que no nos nombren para el Tribunal Supremo ni nos convirtamos en multimillonarios tecnológicos,

---

[1] Paul Halpern, «Einstein Shunned Phones in Favor of Solitude and Quiet Reflection», Medium, 29 de agosto de 2016, https://phalpern.medium.com/einstein-shunned-phones-in-favor-of-solitude-and-quiet-reflection-d708deaa216b.

pero podemos imponernos en nuestras batallas cotidianas. ¿Comprar un coche o una casa nuevos? ¿Ascender en el trabajo? ¿Intentar ganar amigos e influir en la gente? Aprended a cerrar la puta boca.

En toda la historia de la humanidad nunca ha habido una época tan ruidosa como la nuestra, y la tendencia va en aumento. No estamos hechos para una sobrestimulación tan constante, que daña nuestro cerebro —tal cual, provoca daños cerebrales— y pone a prueba nuestro sistema cardiovascular. Estamos ansiosos, enfadados, empapados en cortisol y algo enloquecidos. El camino hacia la recuperación empieza por salir del tornado del ruido. Mejor aún: al aprender a callarnos, podemos mejorar no solo nuestra vida, sino también la de las personas que nos rodean: nuestros hijos, cónyuges, amistades y colegas. En el sentido más amplio, si todos bajamos un poco el volumen podemos hacer del mundo un lugar mejor.

Curiosamente, no es tan fácil.

Cinco formas de callarse

Callarse debería ser lo más fácil del mundo. Lo único que hay que hacer es no hacer nada, ¿verdad? Sin embargo, en realidad no hablar requiere mucha concentración. Probablemente sea más difícil que hablar. ¿Habéis estado alguna vez en un país extranjero del que conocéis un poco la lengua local pero no lo suficiente como para que resulte natural, por lo que en cada conversación, hasta en las más sencillas, vuestro cerebro trabaja constantemente para traducir de la lengua local a vuestra lengua materna y viceversa? Acabamos agotados. Eso es lo que se siente al principio cuando nos empezamos a concentrar en nuestra forma de hablar. Es agotador. Para una persona que habla demasiado, como yo, puede resultar casi doloroso.

El truco está en tomárselo con calma. En lugar de hacer un gran cambio, empezar por muchos pequeños. Me planteo lo de callarse como una práctica diaria, como la meditación o el yoga. Al igual que al meditar nos obligamos a ser conscientes de nuestra respiración, yo me obligo a ser consciente de mi forma de hablar. Bajo la voz, ralentizo la cadencia y hago… largas… pausas.

Mi búsqueda de soluciones se ha basado en el ensayo y error, utilizándome como cobaya. A partir de investigaciones y entrevistas con expertos, he desarrollado cinco ejercicios que considero una especie de entrenamiento. No se trata de hacerlos todos a la vez, ni siquiera de hacer uno todo el día. No nos pasamos dieciséis horas diarias en el gimnasio, ¿verdad? Son ejercicios. Elegid uno y utilizadlo durante una llamada de Zoom de treinta minutos. O cuando estáis en el coche con vuestra pareja. O desayunando con vuestra hija adolescente.

Algunos os gustarán más que otros. Algunos os resultarán útiles; otros, no tanto. No pasa nada. Usad lo que os sirva.

Aquí están mis cinco formas de callarse:

Cuando sea posible, no decir nada. El humorista de principios del siglo xx Will Rogers dijo que nunca hay que perder una buena oportunidad para callarse. Os sorprenderían la cantidad de buenas ocasiones que hay. Usad las palabras como si fuesen dinero y gastadlas sabiamente. Hay que ser Harry el Sucio, no Jim Carrey.

Dominar el poder de las pausas. Imitad el truco de los secretarios judiciales de Ruth Bader Ginsburg, que entrenaban para esperar dos segundos antes de hablar. Respirad. Haced una pausa. Dejad que la otra persona procese lo que acabáis de decir. Aprended a manejar el poder de las pausas.

Dejar las redes sociales. El primo hermano de excederse hablando es excederse tuiteando, y es casi imposible no caer en la trampa. Plataformas como Facebook y Twitter están diseñadas para crear adicción. Si no podéis dejarlo del todo, al menos reducidlo.

Buscar el silencio. El ruido nos enferma. Literalmente. La sobrecarga de información nos lleva a un estado de agitación y sobrestimulación constante, lo que provoca problemas de salud e incluso puede acortar nuestra vida. Desconectad. Distanciaos. Pasad tiempo sin vuestro móvil. No habléis, no leáis, no miréis, no escuchéis.

Dar un respiro al cerebro puede reactivar la creatividad y volvernos más sanos y productivos. Las investigaciones sugieren que el silencio puede ayudarnos incluso a desarrollar células cerebrales.[2]

Aprender a escuchar. Saber escuchar se considera una habilidad empresarial tan importante que los directores ejecutivos acuden a sesiones de formación para aprender a conseguirlo. Y no es fácil, porque escuchar debe ser un esfuerzo activo y no pasivo. En lugar de limitarse a escuchar a alguien, la escucha activa significa bloquear todo lo demás y prestar una atención brutal a lo que dice la otra persona. Nada hace más feliz a la gente que sentir que la escuchan y la ven de verdad.

Lo que ocurre después es increíble

No siempre consigo mantener esta disciplina, pero cuando lo hago, los resultados son mágicos. Me siento más tranquilo, menos ansioso y con un mayor dominio de mis acciones, lo que me hace menos propenso a hablar más de la cuenta. Es un bucle de retroalimentación positiva. Cuanto menos hablo, menos hablo.

Mejor aún, veo el efecto en la gente que me rodea. Mi hija adolescente y yo nos sentamos en el porche al atardecer y mantenemos largas conversaciones en las que nos reímos mucho. Si tenéis un hijo en edad de ir al instituto, sabréis que se trata de algo milagroso. Me cuenta sus sueños y lo que cree que quiere hacer con su vida. Me habla de sus miedos y sus dudas. En lugar de intentar resolver sus problemas, la escucho. Inevitablemente, se las arregla para resolverlos ella misma y llega a la conclusión de que todo irá bien y que sabe lo que tiene que hacer. Descubro que nunca se ha sentido segura tocando Mozart y Haydn al piano y que está aterrorizada porque irá a un campamento de verano donde tendrá que interpretar Haydn en un trío. Teme no ser

---

[2] Imke Kirste *et al.*, «Is Silence Golden? Effects of Auditory Stimuli and Their Absence on Adult Hippocampal Neurogenesis», *Brain Structure and Function* 220, n.º 2(2013), pp. 1221-1228, https://doi.org/10.1007/s00429-013-0679-3.

capaz, pero prefiere intentarlo y fracasar que acobardarse. Descubro que a veces le asusta ir a clase de Francés porque se ha apuntado a un curso que es demasiado difícil para ella y probablemente no sacará buenas notas, pero quizá aprenda más al tener que esforzarse. Descubro que no solo la admiro, sino que me inspira.

Aprender a callarse significa oponerse a un mundo que nos anima a hablar más, no menos. En este libro describo cómo conseguirlo. Explico que puede aplicarse al hogar, al trabajo y a los asuntos del corazón: citas y relaciones. Aprenderéis a hablar menos y ser más poderosos; convertiros en grandes oyentes transformará vuestra vida.

Mi método no patentado para aprender a cerrar la boca se basa en la práctica, no es una cura milagrosa. No ayudará a perder diez kilos, ni a parecer diez años más joven ni a enriquecerse sin mover un dedo. Pero os ayudará a ser un poco más felices, un poco más sanos, a lograr un poco más de éxito. Aun así, os descubriréis hablando más de la cuenta. A mí me ocurre continuamente. No pasa nada. Somos humanos. Nos equivocamos. Mañana lo haremos mejor.

Espero que al acabar este libro os sintáis inspirados para hacer cambios en vuestra vida… con una hoja de ruta para conseguirlo.

La escala de adicción a hablar

La primera vez que me propuse solucionar el problema de mi verborrea descubrí que los investigadores de la comunicación definían como «narcisismo conversacional» a la locuacidad extrema y compulsiva, similar a una adicción. Crearon la escala Talkaholic[1] para identificar a las personas que padecen este trastorno. Responded a las dieciséis preguntas y después consultad las instrucciones para calcular la puntuación. Para comprobar los resultados, pedid a alguien que os conozca que responda a las mismas preguntas sobre vosotros y calculad su puntuación. Advertencia: puede resultar sonrojante.

La escala

INSTRUCCIONES: Esta escala incluye dieciséis afirmaciones sobre su conducta al hablar. Por favor, indique el grado en que considera que cada una de estas frases le es aplicable señalando en la línea que precede a cada afirmación si está (5) totalmente de acuerdo, (4) de acuerdo, (3) indeciso, (2) en desacuerdo o (1) muy en desacuerdo. No hay respuestas correctas o incorrectas. Responda con rapidez; escriba su primera impresión.

---

[1] James C. McCroskey y Virginia Richmond, «Identifying Compulsive Communicators: The Talkaholic Scale», *Communication Research Reports* 10, n.º 2 (1993), pp. 107-114.

_____01. A menudo me callo cuando sé que debería hablar.

_____02. A veces hablo más de la cuenta.

_____03. A menudo hablo cuando debería callar.

_____04. A veces me callo cuando sé que me convendría hablar.

_____05. Soy un bocazas.

_____06. A veces siento la obligación de callarme.

_____07. En general, hablo más de lo que debería.

_____08. Soy un hablador compulsivo.

_____09. No soy una persona habladora; rara vez hablo en situaciones de comunicación.

_____10. Algunas personas me han dicho que hablo demasiado.

_____11. No puedo dejar de hablar en exceso.

_____12. En general, hablo menos de lo que debería.

_____13. No soy un bocazas.

_____14. A veces hablo cuando me convendría guardar silencio.

_____15. A veces hablo menos de lo que debería.

_____16. No soy un hablador compulsivo.

PUNTUACIÓN: Para determinar su puntuación, complete los siguientes pasos:

Paso 1. Sume las puntuaciones de las frases 2, 3, 5, 7, 8, 10, 11 y 14.

Paso 2. Sume las puntuaciones de las frases 13 y 16.

Paso 3. Complete la siguiente fórmula:

Puntuación = 12 + (total del paso 1) − (total del paso 2).

Las frases 1, 4, 6, 9, 12 y 15 son de relleno y no puntúan.

Su puntuación debe encontrarse entre 10 y 50.

La mayoría puntúa por debajo de 30.

Las personas que puntúan entre 30 y 39 son habladores compulsivos límite y pueden controlar su conversación casi siempre, pero a veces se encuentran en situaciones donde les resulta difícil permanecer en silencio, aunque les convendría no hablar.

Las personas con puntuaciones superiores a 40 son adictas a hablar.

Reimpreso con permiso de Virginia Richmond.

De qué hablamos cuando hablamos de hablar más de la cuenta

Obtuve cincuenta puntos en la escala Talkaholic, la puntuación más alta posible. Mi mujer, Sasha, me dio los mismos cincuenta puntos y probablemente deseó poder darme más. No fue algo inesperado, pero según los investigadores que desarrollaron la escala podría ser motivo de preocupación. Describieron la incontinencia verbal como una adicción similar al alcoholismo y afirmaron que aunque la labia de un hablador compulsivo puede ayudarle a progresar en su carrera, su incapacidad para frenar su locuacidad excesiva suele acarrearle contratiempos personales y profesionales. Comprobado, comprobado y comprobado.

Los adictos a hablar no pueden levantarse un día y decidir hablar menos. Hablan de forma compulsiva. No hablan solo un poco más que los demás, sino mucho más, y lo hacen continuamente, en cualquier contexto o entorno, incluso cuando saben que los demás piensan que hablan demasiado. Y aquí viene lo peor: los adictos a hablar siguen hablando incluso aunque sepan que lo que digan les va a perjudicar. Sencillamente no pueden callarse.

—Ese soy yo —le dije a Sasha—. ¿Verdad? Ese soy yo cien por cien.

—Llevo años diciéndotelo —respondió.

Nos habíamos sentado en la cocina. Los niños —dos gemelos, un chico y una chica de quince años— no estaban en casa. Recordé todas las veces que había soltado alguna barbaridad en una fiesta, o había avergonzado a los niños hablándole a alguien sin parar, o los había deleitado con una larga historia que ya había contado mil veces. Los llamábamos «danálogos»; todos nos reíamos y fingíamos que era divertido: «¡Ya sabéis que a papá le encanta hablar!».

Pero ahora, al ver los inapelables resultados de la escala, no me apetecía reírme. Me sentía avergonzado. Y preocupado.

No sabía cómo ni dónde conseguir ayuda y decidí empezar por los dos investigadores que elaboraron la escala Talkaholic, con la idea de que quizá podrían darme algún consejo. Eran un matrimonio, Virginia Richmond y James C. McCroskey, antiguos profesores en la Universidad de Virginia Occidental. McCroskey, una eminencia en el campo de los estudios de comunicación, había muerto en 2012, pero Richmond, que está jubilada, vive en un pueblecito de las afueras de Charleston, Virginia Occidental.

Los dos se interesaron en el estudio de los habladores compulsivos por una sencilla razón: «Porque mi marido lo era», me dijo Richmond. Formaban una extraña pareja. McCroskey era el alma de la fiesta, mientras que Richmond era y sigue siendo dolorosamente tímida, o «aprensiva a la comunicación», como dicen los investigadores. «Queríamos averiguar por qué algunas personas hablan tanto y otras tan poco. Había mucha literatura sobre personas poco habladoras, pero no demasiada sobre el otro extremo, los habladores compulsivos». Algunos investigadores creían que no existía algo como una persona que hablara demasiado, y que cuando afirmamos que alguien habla demasiado, en realidad nos referimos a que dice cosas que no queremos oír. Richmond y McCroskey insistieron en que eso era ridículo, que claro que había personas que hablaban demasiado. «Las conocíamos», dice Richmond, y además había algunas personas que no solo eran habladoras, sino que su incontinencia verbal era similar a una adicción. «Por eso llamamos "Talkaholic" a nuestra escala».

La pareja creó la escala para ver si era posible identificarlos. De ser así, los investigadores podrían desarrollar métodos para ayudarlos. «No creíamos que encontraríamos a muchos», dijo Richmond, pero cuando aplicaron la escala a ochocientos estudiantes de la Universidad de Virginia Occidental, descubrieron que el cinco por ciento eran adictos a hablar, lo que curiosamente es casi el mismo porcentaje que el de alcohólicos en la población general.

Le expliqué a Richmond que me había puesto en contacto con ella porque tenía una puntuación de cincuenta en la escala y quería saber cuáles son las causas del habla compulsiva y cómo se puede solucionar. Richmond tenía malas noticias y más malas noticias. En primer lugar, su marido y ella nunca habían descubierto qué causa la adicción a hablar. Y, peor aún, aunque habían encontrado formas de ayudar a las personas comunicativamente aprensivas a salir de su cascarón, habían llegado a creer que los habladores compulsivos no tenían remedio.

«Solíamos bromear diciendo que no se puede contener a un buen adicto a hablar —comentó, riendo—. No hay remedio. No se puede curar al hablador compulsivo».

Sin embargo, el matrimonio hizo su trabajo treinta años atrás y desde entonces otras personas se han dedicado a este tema. El mejor, según ella, era Michael Beatty, un profesor que había trabajado con Richmond y McCroskey y que ahora imparte clases en la Universidad de Miami. Al parecer, Beatty se interesó por los adictos a hablar por la misma razón que McCroskey: «Es el mayor hablador compulsivo que conozco —me dijo Richmond—. Puedes decirle que he dicho eso. No se lo tomará a mal».

Beatty es un poco excéntrico. No tiene móvil ni ordenador en casa. Para contactar con él hay que enviarle un correo electrónico a su dirección de la universidad y esperar a que vaya a su despacho a revisar el correo, lo que lleva su tiempo. Mi conversación con Richmond me dejó un poco descorazonado, pero seguía teniendo esperanzas de que Beatty pudiera ofrecerme alguna ayuda o consejo. Así que un día le escribí un correo electrónico, pulsé «enviar» y esperé.

La loca vida de un hablador compulsivo

Durante mucho tiempo me engañé a mí mismo diciéndome que solo era un tipo sociable y extrovertido al que le gustaba mantener buenas conversaciones. Hablaba con todo el mundo: conductores de Uber, desconocidos en los telesillas «y todos los camareros y camareras que has conocido», dice Sasha. Sin embargo, con el tiempo empecé a comprender que tenía un problema, porque aunque intentaba hablar menos, no lo lograba. Aborrecía los acontecimientos sociales. Las barbacoas del vecindario y las fiestas de cumpleaños me parecían insoportables. Era como atravesar un campo de minas montado en un saltador. Intentaba relacionarme mientras iba pensando: «No hables demasiado, no hables demasiado, no hables demasiado». Pero por mucho que me preparase, a veces acababa desmadrándome y soltaba monólogos cual Hamlet hasta arriba de metanfetamina.

Finalmente, desesperado, recurrí a la fuerza bruta y antes de un acto social empecé a tomar lorazepam, un ansiolítico. Llegaba a las fiestas en una maravillosa y confusa bruma benzodiacepínica y me escabullía tranquilamente a un rincón donde podía relajarme y ver la tele o leer tuits hasta que llegaba la hora de volver a casa. Los vecinos pensaban que era un maleducado o raro... o, como alguien le dijo a mi mujer: «Dan está un poco... loco, ¿no?». Desde mi punto de vista, creía que les hacía un favor drogándome hasta el sopor para no molestarlos con mi verborragia.

Lo sorprendente es que, incluso drogado con benzodiacepinas, a veces hablaba demasiado o decía algo torpe o estúpido. En cuanto salíamos de una fiesta, le preguntaba a Sasha: «¿He hablado demasiado?». Con frecuencia su respuesta era afirmativa.

A medida que me concienciaba de mi problema, empecé a reconocerlo en otras personas. Como mi vecina de al lado, una pedagoga animada y ruidosa que se convertía como nadie en el alma de la fiesta (yo la adoraba; otros vecinos, no). O el consultor de empresa que se creía el más listo de la sala y le encantaba el sonido de su atronadora voz. Y el científico que no aguantaba tonterías y lo pagaba caro. También el solitario asesor financiero jubilado que aparecía a la hora de cenar, se acomodaba en la encimera de la cocina y soltaba un soliloquio sobre los últimos acontecimientos del mercado bursátil. Y el artista que me tenía al teléfono una hora como mínimo, contándome siempre las mismas historias. (Como dijo un amigo común: «Con él no se habla, se escucha»). Y estaba mi suegra: el inglés no era su lengua materna y nos ametrallaba con mala gramática, frases mutiladas y pronombres desvinculados de sus antecedentes, sin aflojar nunca; a veces teníamos que gritar para interrumpirla.

A los charlatanes nos atraen otros charlatanes, probablemente porque somos los únicos capaces de soportarnos. En cualquier situación reconocemos rápidamente a uno de los nuestros, como hacen los vampiros y los asesinos en serie. A veces, dos de nosotros nos apartamos para parlotear durante horas, sin que nunca se nos acaben los temas, dando rienda suelta a nuestra adicción, interrumpiéndonos, deleitándonos en el placer de cotorrear con alguien que nos entiende en un entorno en el que no se nos juzgará ni castigará. Es nuestro espacio seguro. Pura felicidad.

Sin embargo, las personas que hablan poco nos sacan de nuestras casillas. Nos molestan tanto como nosotros a ellos. Sentimos por los poco habladores lo mismo que un perro siente por nosotros cuando no le tiramos una pelota de tenis. «¡Vamos, tío! ¡Vamos!».

Una cosa que tenemos en común los habladores compulsivos es que tarde o temprano alguien nos parará los pies. No hay escapatoria. Tony Soprano dijo que los tipos de su gremio solo tenían dos salidas, la muerte o la cárcel. Los bocazas también sabemos que, algún día, nuestra forma de hablar nos pasará factura. Aunque algunos llegaremos alto, a la mayoría nos espera una sucesión de fiascos, desastres y catástrofes.

A un amigo de toda la vida, un tipo muy brillante licenciado por una universidad prestigiosa, hablar compulsivamente le ha costado puestos de trabajo porque (a) no podía resistirse a decirles a sus colegas que eran unos imbéciles; y (b) normalmente no apreciaban su franqueza. «No lo puedo evitar —dice—. Estoy en una reunión tonta y pienso: "¿Por qué estoy en esta estúpida reunión?". Entonces se me va la pinza y empiezo a explicar a todos los presentes por qué son unos putos imbéciles, aunque sé que lo más inteligente sería callarme. Siempre se puede contar conmigo para decir algo equivocado, y lo peor es que lo sé incluso mientras lo estoy diciendo. Luego me arrepiento inmediatamente, pero ya no hay vuelta atrás».

A los habladores compulsivos se nos odia en todas partes. Basta ver los términos que se usan para describirnos: *charlatán, bocazas, pesado, tostonazo, loro, cotorra*. Decimos que alguien «da la chapa» o «da la brasa». En Estados Unidos nos llaman *windbag, gasbag* («bolsa de gas», literalmente) o *motormouth* (término formado por «motor» y «boca»). En Inglaterra e Irlanda, *gobshite* (que combina *gob*, «boca», y *shite*, «mierda») o *shitehawk*, alguien que hace llover mierda desde arriba. En Italia se dice que alguien *attacca un bottone*, es decir, que habla tanto que se podría coser un botón. O *mi ha attaccato un pippone*, que se traduce como hacerle a alguien una grosería en la oreja. Los italianos también pueden llamarnos *trombone*, que suena muy bien con su acento, o *quaquaraquà*, una palabra onomatopéyica del argot siciliano para referirse a alguien que habla mucho pero es idiota. En Brasil dicen *fala mais que o homem do rádio*: «habla más que el hombre de la radio». En España eres un *bocachancla* y en Cataluña un *bocamoll*, un «boca suelta». En Alemania, los que hablan más de la cuenta son *Plappermäuler*, una combinación de *plapper*, «balbucear», y *maul*, término grosero que describe la boca de un animal. Los rusos, a los que siempre se puede recurrir para que digan algo de la forma más soez, llaman a los que hablan más de la cuenta *pizdaboly*, un término desagradable que combina *pizda*, una palabra extremadamente obscena para designar los genitales femeninos, y *bol*, la raíz del verbo «batir» o «aletear». Uf.

Los japoneses, que atesoran el silencio y no soportan a la gente ruidosa, tienen un proverbio: «Si el pájaro no hubiese cantado, no le habrían disparado». En la India narran el cuento infantil de una *batuni kachua* (tortuga parlanchina) que habla más de la cuenta y se arruina. Cuando llega una sequía y el estanque se seca, dos gansos se ofrecen a llevarla a otro lago. Los gansos llevan un palo por los extremos y la tortuga cuelga de él por la boca. La tortuga, cómo no, es incapaz de resistir el impulso de hablar y en cuanto abre la boca se suelta y cae a tierra, donde muere aplastada contra unas rocas o devorada por los aldeanos.

Así es como la gente ve a los bocazas. Fantasean con nuestra muerte.

Seis tipos de bocazas

Después de hablar con Richmond, empecé a investigar y descubrí que hay distintos tipos de habla compulsiva.[1] Está el habla *hiperverbal*,

---

[1] Crystal Raypole, «Has Anyone Ever Said You Talk Too Much? It Might Just Be Your Personality», Healthline, 16 de febrero de 2021, https://www.healthline.com/health/talking-too-much#is-it-really-too-much.

cuando no se puede evitar interrumpir a los demás (el cerebro está acelerado y se habla a mil por hora); la *desorganizada*, en la que se salta de un tema a otro sin la menor relación entre sí; y la *situacional*, que casi todo el mundo ha experimentado alguna vez. Seguro que todos podemos recordar, normalmente con vergüenza, ocasiones en las que deberíamos haber hablado menos. ¿Alguna vez habéis dicho algo que ha herido los sentimientos de otra persona? ¿Habéis contado un chiste que ha ofendido a alguien? La última vez que comprasteis un coche, cuando el vendedor dejó de hablar y se hizo un silencio incómodo, ¿os apresurasteis a llenar el vacío? Seguro que sí… y eso costó dinero. Quizá hablaste demasiado en una llamada de ventas y perdiste el trato, y con él tu comisión. Quizá interrumpiste a alguien en una reunión y tu jefa, al otro lado de la mesa, se dio cuenta y empezó a formarse una mala impresión de ti. Puede que ni siquiera se diese cuenta de que su opinión de ti había cambiado, pero ocho meses después el ascenso que esperabas fue a parar a otra persona.

Al igual que hay distintos tipos de habla compulsiva, también hay distintos tipos de habladores compulsivos. Los clasifico en seis categorías:

→ Los *egohabladores* son los tipos que hablan en voz alta y lo saben todo (y sí, casi siempre son hombres), interrumpen a la gente y dominan las conversaciones porque creen sinceramente que sus ideas son mejores que las de los demás, aunque no sepan de qué están hablando. Silicon Valley, donde he desarrollado gran parte de mi carrera, está repleto de hombres (y siempre son hombres) que se han hecho ricos gracias al *software* y ahora lo saben todo sobre todo. ¿Cambio climático? ¿Cirugía cardíaca? ¿*Bitcoins*? No tienen ni idea, pero saben más que los expertos.

→ Los *habladores nerviosos* sufren ansiedad social y parlotean para tranquilizarse.

→ Los *reflexivos* piensan en voz alta —hablan consigo mismos, básicamente— y fastidian a todos los que los rodean.

→ Los *locuaces* son muy verbales y piensan rápido, pero carecen de filtro.

→ **Los *charlatanes*** sueltan tonterías, cuentan las mismas historias sin cesar y no paran aunque intentes interrumpirlos, como un coche sin frenos que se precipita cuesta abajo.
→ **Los *adictos*,** los más extremos, son compulsivos y autodestructivos.

A lo largo de la última década los investigadores han empezado a entender las causas del habla excesiva; algunas son psicológicas y otras biológicas. Hay personas que son simplemente extrovertidas; es su personalidad innata. A veces, la causa es la ansiedad social. (Ese suele ser el caso de los locuaces, los charlatanes y los habladores nerviosos). Pero el habla extrema y compulsiva, la que nos convierte en adictos, puede indicar problemas psicológicos más profundos, como un trastorno narcisista de la personalidad. La denominada habla a presión —en voz alta, rápida, imparable— puede ser consecuencia de la hipomanía, que es un indicio de bipolar II, la forma más leve del trastorno.[2] El habla exagerada también puede indicar que alguien padece un trastorno por déficit de atención con hiperactividad (TDAH).

Si vuestra puntuación en la escala Talkaholic es alta, considerad la posibilidad de acudir a un profesional para que lo evalúe. Lo bueno es que hoy en día cosas como el TDAH y el trastorno bipolar II pueden tratarse con medicación y terapia. Los medicamentos no curan, pero pueden amortiguar el ruido del cerebro para poder trabajar los problemas en terapia. Por si sirve de algo, a los habladores *les encanta* la terapia.

Seguía buscando entre montones de artículos de investigación sin encontrar grandes respuestas cuando un día el correo electrónico me trajo una sorpresa. Michael Beatty, de la Universidad de Miami, me respondía diciendo que le encantaría hablar conmigo y que después de muchos años e innumerables experimentos, había descubierto la causa de la adicción a hablar.

---

[2] Diana Wells, «Pressured Speech Related to Bipolar Disorder», Healthline, 6 de diciembre de 2019, https://www.healthline.com/health/bipolar-disorder/pressured-speech.

La llamada viene del interior del cerebro

«Es biología —me dijo Beatty cuando hablamos por teléfono—. Es innato, no aprendido. Empieza a desarrollarse prenatalmente».

Hace veinte años Beatty fue pionero del campo denominado «comunibiología», que estudia la comunicación como fenómeno biológico. En lugar de impartir cursos de periodismo y oratoria, que es la actividad tradicional de un departamento de comunicación universitario, colaboró con neurocientíficos, y los participantes en el estudio se sometieron a electroencefalogramas que midieron sus ondas cerebrales y a sesiones de resonancia magnética funcional que iluminaron su cerebro cuando miraban imágenes o escuchaban grabaciones de audio.

Muchos investigadores de la comunicación pensaron que se metía en un callejón sin salida, pero Beatty estaba convencido de su teoría. «Opinaba que sería extraño que la forma en que nos comunicamos no estuviera relacionada con el cerebro, simplemente desconocíamos el mecanismo». En 2011 Beatty y sus colegas de la Universidad de Miami descubrieron que la locuacidad está determinada por desequilibrios en las ondas cerebrales, en concreto del equilibrio entre la actividad neuronal de los lóbulos izquierdo y derecho en la región anterior de la corteza prefrontal.[3] Idealmente, el lóbulo izquierdo y el derecho deberían tener aproximadamente la misma cantidad de actividad neuronal cuando una persona está en reposo. Si hay una asimetría —si un lado se ilumina más que el otro—, se acaba siendo una persona habladora por encima o por debajo de la media. Si el lado izquierdo es más activo que el derecho, se es tímido. Si el lado derecho es más activo, se es más hablador. Cuanto mayor sea el desequilibrio, más lejos se estará del espectro de la locuacidad. El lóbulo derecho de los lenguaraces se dispara a lo loco, mientras que el izquierdo apenas parpadea.

«Todo está relacionado con el control de los impulsos», me dijo Beatty. Los desequilibrios en el córtex anterior también están

---

[3] Michael J. Beatty *et al.*, «Communication Apprehension and Resting Alpha Range Asymmetry in the Anterior Cortex», *Communication Education* 60, n.º 4 (2011), pp. 441-60, https://doi.org/10.1080/03634523.2011.563389.

relacionados con la agresividad y con «nuestra capacidad de evaluar cómo puede desarrollarse un plan y cuáles serán sus consecuencias». La actividad extrema del lado derecho «aparece con frecuencia en los asesinatos conyugales», dijo.

No se lo mencioné a mi mujer.

La falta de control de los impulsos del lado derecho dominante se manifiesta a menudo en el entorno laboral. «Si mi lado derecho es el dominante, soy director general y estoy en una reunión en la que un empleado empieza a decir tonterías, no seré educado. Me enfadaré y le diré que se calle», afirma Beatty.

Por desgracia, según Beatty un hablador compulsivo no puede dejar de serlo. A fin de cuentas, no se puede recablear el cerebro ni devolver el equilibrio a las neuronas. «No es totalmente determinista, pero hay muy poco margen para cambiar lo que uno es».

Sí se puede[4] cerrar el pico

Durante cuatro décadas Joe Biden fue el campeón de las meteduras de pata en campaña: los periódicos lo coronaron como el Rey de las Pifias. Sin embargo, en 2020 aprendió a callarse. Empezó a hablar en voz baja y a dar respuestas breves. Hacía pausas antes de hablar. Cuando aparecían los periodistas, solo respondía a unas pocas preguntas, daba respuestas aburridas y se marchaba.

La historia de Biden me dio esperanzas. Pensé que si él había sido capaz de aprender a callarse, seguramente yo también podría. No soñaba con presentarme a un cargo público, pero tenía mucha motivación. Quería ser mejor esposo, padre y amigo. Quería dejar de tenerles miedo a las reuniones sociales. Quizá no haya cura para la adicción a hablar, pero tampoco la hay para el alcoholismo y, sin embargo, algunos alcohólicos consiguen tener la disciplina necesaria para dejar de beber.

No podía permitirme un *coach*. No pude encontrar ningún curso en línea que me enseñara a callarme. Así que, después de hablar con Beatty, me puse manos a la obra y entrevisté a docenas

---

[4] En castellano en el original. (*N. de la T.*).

de personas que, de un modo u otro, son expertas en el campo del habla: historiadores, sociólogos, politólogos, profesores de comunicación, expertos en *coaching*, psicólogos. Hice baños de bosque en la región de las Berkshires con un guía. Hice un curso de escucha por Internet y recibí consejos de un profesor que imparte cursos en la materia. Una psicóloga de California me mostró las técnicas que enseña a los presos para que guarden silencio durante las audiencias para que les concedan la libertad condicional y puedan salir de la cárcel, métodos que esperaba que me ayudasen a liberarme de la prisión metafórica donde la adicción a hablar me había encerrado.

Armado con teoría, consejos y ejercicios, desarrollé mis «Cinco maneras de callarse» y empecé a practicarlas. Me lo tomé como un entrenamiento diario. Abandoné casi por completo las redes sociales. Me ejercité para sentirme cómodo con los silencios incómodos. Antes de responder al teléfono o entrar en Zoom respiraba hondo para bajar el ritmo y utilizaba el pulsómetro de mi reloj Apple para comprobar si la técnica funcionaba. Durante la llamada, bajaba la voz y ralentizaba mi cadencia. Hacía preguntas abiertas a mis hijos y luego me ponía cómodo y los dejaba hablar. Oficialmente estábamos «hablando», pero en realidad yo escuchaba.

Pegué un trozo de papel a la pared, encima de la pantalla de mi ordenador, con advertencias en letras de tamaño grande: «¡CALLA! ¡ESCUCHA! ¡RESPUESTAS CORTAS! ¡ACABA!». Una amiga que habla más de la cuenta lleva una nota en el portátil que dice: «Dios, ayúdame a mantener la boca cerrada». Antes de las reuniones, empecé a dedicar un momento a pensar en el propósito de estas: qué necesitaba transmitir y qué necesitaba aprender. Lo anotaba en una libreta y me ceñía a esos temas.

Poco a poco fui disciplinándome y ocurrió algo extraordinario: empecé a sentirme mejor, tanto emocional como físicamente. Me sentía más feliz. Era más amable con la gente. La gente parecía más amable conmigo. La vida parecía más fácil.

Fue entonces cuando me di cuenta de que callarse puede hacer algo más que ayudar a evitar calamidades o a regatear un mejor precio en un coche; de que, en realidad, callarse es una especie de terapia.

La rueda de la ansiedad

La ansiedad es el tema musical de nuestros tiempos. Las tasas ya estaban aumentando en Estados Unidos antes del covid-19, especialmente entre los jóvenes, y luego se dispararon durante el confinamiento pandémico. En 2019 dos tercios de los estadounidenses afirmaban sentirse extremadamente ansiosos o algo ansiosos, según la Asociación Americana de Psiquiatría.[5] Uno de cada cinco adultos estadounidenses sufre un trastorno de ansiedad en toda regla.[6]

Las personas habladoras lo hacen para aliviar la ansiedad o distraerse de sentirla. Pero en lugar de aliviarla, hablar en exceso la empeora. Cuanto más hablamos, más ansiosos nos volvemos. Es un círculo vicioso. Yo lo llamo la rueda de la ansiedad.

Lo mismo ocurre en las redes sociales. Utilizamos Facebook, Instagram, TikTok y Twitter como mecanismos para calmarnos. Nos sentimos ansiosos y abrimos una aplicación con la esperanza de disipar la ansiedad. Sin embargo, ocurre justo lo contrario. Nuestro intento de mitigar la ansiedad solo consigue agravarla. Nos encontramos de nuevo en la rueda de la ansiedad.

Si resistimos el impulso de hablar y nos obligamos a dejar el móvil, es posible conseguir que la rueda de la ansiedad gire en sentido contrario, en la dirección opuesta. Sentarse en silencio es horrible al principio, pero si lo soportamos, el malestar empezará a disminuir. Los médicos han descubierto que para algunas personas dejar las redes sociales tiene el mismo efecto que tomar un antidepresivo.

Callarse como transformación personal

Somos como hablamos. Es la forma en que nos definimos y la forma en la que percibimos a los demás. Cuando intentamos describir

---

[5] American Psychiatric Association: «Americans' Overall Level of Anxiety About Health, Safety and Finances Remain High», American Psychiatric Association, 20 de mayo de 2019, https://www.psychiatry.org/newsroom/news-releases/americans-overall-level-of-anxiety-about-health-safety-and-finances-remain-high.

[6] Facts & Statistics, Anxiety and Depression Association of America, ADAA, s. f., https://adaa.org/understanding-anxiety/facts-statistic.

a alguien, ¿cómo lo hacemos? ¿En qué basamos nuestra evaluación? Normalmente definimos su personalidad describiendo su forma de hablar. ¿Habla rápido o despacio? ¿Silencioso o ruidoso? ¿Hablador o taciturno? Nuestra forma de hablar revela nuestra personalidad al mundo. En cierto modo, es nuestra personalidad. Si la cambiamos, cambiamos nuestra forma de ser.

Hablar es como respirar. No lo pensamos, simplemente lo hacemos. Cuando empezamos a prestar atención a nuestra forma de hablar, eso nos lleva a pensar en por qué hablamos como hablamos. Nos obligamos a ser conscientes de algo que normalmente ocurre de forma inconsciente. Es el tipo de trabajo que se hace con la meditación o en psicoterapia. Dirigimos nuestra atención hacia el interior. Reflexionamos y nos examinamos. Descubrimos quiénes somos.

Callarse no es solo un ejercicio. También es un proceso psicológico, una práctica activa y dinámica. Cualquier cosa que requiera esfuerzo, concentración, práctica y disciplina mental puede transformarnos y definirnos. Las artes marciales funcionan así para algunas personas. Para otras es tocar el piano, jugar al ajedrez, la jardinería o la cocina.

A mí me gustaba remar. El remo es un deporte que requiere una mezcla de fuerza física y mental, donde la parte mental puede ser la más importante de las dos. Remar requiere una concentración total en cada segundo: mantener el equilibrio de la embarcación, pensar en las manos, sentir la tracción de la pala en el agua, cronometrar el impulso y la recuperación. Es repetitivo. Se hace lo mismo una y otra vez, con cada brazada se intenta alcanzar la perfección y rara vez se consigue. El par de horas que se pasan a diario en el agua son tanto una meditación zen como un entrenamiento. Nos define. Por eso los remeros pueden decir «yo remo», pero más a menudo dicen «soy remero».

Cuando empecé, solo quería evitar calamidades y dejar de molestar a otras personas. Sin embargo, acabé haciendo un viaje de autodescubrimiento. Callarme se convirtió en un camino hacia el cambio y la transformación personal.

02

CALLA y DESCONECTA

Internet nos proporciona más formas de hablar que nunca… y, claro, las utilizamos. ¿Cuántas aplicaciones tenemos en nuestros móviles para comunicarnos con la gente? ¿Cuántas bandejas de entrada revisamos? Lo más seguro es que tengamos el correo electrónico del trabajo, el personal y mensajes de texto. Además, probablemente tengamos Slack, Facebook, Twitter, Instagram, LinkedIn, WhatsApp, Telegram o Signal, y esas son solo las más populares.

Hablamos con nuestros televisores y mandos a distancia. Hablamos con los artilugios de nuestros salones, con nuestras bombillas y termostatos, con nuestros relojes, con los bots, con nuestros coches… y algunas de estas cosas nos contestan. Parloteamos por teléfono en lugares que antes eran santuarios del silencio: en el coche, en el bosque. Jadeamos sin dejar de hablar mientras corremos o nos ejercitamos en el gimnasio. Sacamos el móvil en el cine, en conciertos, en funerales: ningún lugar es sagrado. Los peores seres humanos entre nosotros se dedican a hablar como gilipollas por el móvil en lugares públicos (trenes, restaurantes, cafeterías) mientras todos a su alrededor están indignados. Dos tercios utilizamos el teléfono en el cuarto de baño, el veinte por ciento se lleva el teléfono a la ducha y el diez por ciento incluso lo ha consultado mientras mantenía relaciones sexuales.[1]

Cuando no estamos hablando, consumimos: bebemos de una manguera de información que no suele ser más que ruido

---

[1] «The Attachment Problem: Cellphone Use in America», SureCall, s. f., https://www.surecall.com/docs/20180515-SureCall-Attachment-Survey-Results-v2.pdf.

disfrazado. Netflix estrenó nada menos que ochenta y siete películas en 2022,[2] además de cuarenta programas[3] y algunos especiales. Eso supone unas seiscientas horas de vídeo, y la plataforma de *streaming* invertirá 17.000 millones de dólares en producirlo todo.[4] Además, tenemos Apple TV+, Amazon Prime Video, Disney Plus, HBO, Hulu, Starz y muchas más, además de los estudios de cine y las cadenas de televisión tradicionales que producen comedias, películas románticas y películas de superhéroes donde todas las semanas el mundo se enfrenta a una nueva amenaza de extinción antes de que lo rescate alguien vestido con mallas.

En 2022 hubo 817.000 títulos singulares disponibles en servicios de *streaming*, lo que, según Nielsen, «provocó una creciente confusión». Casi la mitad de la población se siente abrumada por tantas opciones.[5] Sin embargo, seguimos consumiendo más. En los doce meses que terminaron en febrero de 2022, los estadounidenses vieron 169.400 millones de minutos de contenidos en *streaming*... ¡a la semana!, un dieciocho por ciento más que el año anterior. En total, en 2021 consumieron quince millones de años de vídeo en *streaming*. Según una encuesta realizada en 2022, el estadounidense medio verá 290 películas y programas de televisión en 2022, lo que supone 437 horas[6] equivalentes

---

[2] Kasey Moore, «Netflix Unveils Slate of 87 New Movies Coming in 2022», What's on Netflix, 10 de febrero de 2022, https://www.whats-on-netflix.com/news/netflix-unveils-slate-of-87-new-movies-coming-in-2022/.

[3] Reed Gaudens, «Full List of Netflix Shows Confirmed for Release in 2022», Netflix Life, FanSided, 27 de enero de 2022, https://netflixlife.com/2022/01/27/full-list-netflix-shows-confirmed-release-2022/.

[4] «Top US Media Groups Including Disney, Netflix Look to Spend $115B in 2022: FT», Yahoo!, s. f., https://www.yahoo.com/video/top-us-media-groups-including-105112204.html#:~:text=Netflix%20Inc%20(NASDAQ%3A%20NFLX),cash%20flow%20positive%20in%202022.

[5] G. Winslow, «Streaming Is Up, but Consumers Are Overwhelmed by 817K Available Titles», TVTechnology, 6 de abril de 2022, https://www.tvtechnology.com/news/streaming-up-but-consumers-are-overwhelmed-by-817k-available-titles.

[6] Chris Melore, «Average Consumer Cutting 3 Streaming Services from Their Lineup in 2022», Study Finds, 6 de mayo de 2022, https://www.studyfinds.org/cutting-subscriptions-streaming-tv/.

a 18 días completos. En 2020, gastamos cuatro veces más dinero en servicios de *streaming* que en 2015.[7]

Estamos rodeados de contaminación acústica, inmersos en una cacofonía incesante. No está permitido que exista un espacio interior sin música: al parecer, es la ley. Los niveles sonoros de los restaurantes y las clases de *spinning* superan los cien decibelios;[8] eso es tan ruidoso como un martillo neumático.[9] El problema no es solo el volumen, sino que no hay escapatoria. Hace unos años se descubrió que Estados Unidos torturaba a presos en Abu Ghraib y Guantánamo con interminables bucles de música a todo volumen, incluida, sobre todo, la canción del programa *Barney*.[10] Si tenéis hijos, entenderéis por qué funciona. En la actualidad, restaurantes, centros comerciales, grandes almacenes e incluso hospitales han seguido el ejemplo de los torturadores y eso está pasando factura. Todos los estudios sobre oficinas abiertas demuestran que el ruido destruye nuestra capacidad de pensar y de trabajar. La música navideña en bucle es un tormento tan insufrible que los trabajadores de comercios minoristas austriacos se declararon en huelga para obligar a sus jefes a que dejaran de ponerla.[11] «La gente se siente impotente», dice Nigel Rodgers, el británico cascarrabias que fundó Pipedown, un grupo cuyos miembros han conseguido que minoristas y restaurantes del Reino Unido eliminen la música de fondo. «Vas al médico y te dice que tienes la tensión alta, y tú respondes: "Pues no

[7] Julia Stoll, «U.S. Household Expenditure on Streaming and Downloading Video 2020», Statista, 17 de enero de 2022, https://www.statista.com/statistics/1060036/us-consumer-spending-streaming-downloading-video/.

[8] Cara Buckley, «Working or Playing Indoors, New Yorkers Face an Unabated Roar», *New York Times*, 20 de julio de 2012, https://www.nytimes.com/2012/07/20/nyregion/in-new-york-city-indoor-noise-goes-unabated.html.

[9] «Noise Sources and Their Effects», https://www.chem.purdue.edu/chemsafety/Training/PPETrain/dblevels.htm.

[10] Justin Caba, «Torture Methods with Sound: How Pure Noise Can Be Used to Break You Psychologically», Medical Daily, 21 de enero de 2015, https://www.medicaldaily.com/torture-methods-sound-how-pure-noise-can-be-used-break-you-psychologically-318638#:~:text=Sound%20torture%20is%20a%20type,torture%20under%20the%20right%20conditions.

[11] Jamie Doward, «Attack on Festive Hits 'Torture'», *Guardian*, 24 de diciembre de 2006, https://www.theguardian.com/uk/2006/dec/24/politics.musicnews.

la tenía cuando entré aquí, es esa música horrible que suena a todo volumen en la sala de espera"».

Nos pasamos la vida pegados a pantallas: móviles, tabletas, portátiles, televisores. Los propietarios de un Tesla pueden jugar a videojuegos y ver películas en la pantalla de su salpicadero porque… ¿por qué no? Ponemos pantallas en los ascensores, en las máquinas del gimnasio, en los frigoríficos, en los surtidores de gasolina, en las paredes de los urinarios. Las estaciones de esquí colocan pantallas digitales en los telesillas y ponen música a todo volumen en las telecabinas porque ¿por qué contemplar en silencio y con asombro infantil los majestuosos picos nevados cuando se puede ascender al ritmo de Metallica? Google desarrolló unas gafas para enviar información directa a nuestros globos oculares, lo que fue un fracaso, pero se rumorea que Apple está trabajando en algo similar, y probablemente lo consiga porque tendrá un aspecto atractivo y un precio desorbitado, lo que atraerá a los fieles de la marca. Meta, la empresa matriz de Facebook, vende gafas de realidad virtual que se pegan directamente a la cara y está construyendo un mundo imaginario llamado metaverso, donde meta-trabajaremos, meta-compraremos, adquiriremos meta-casas, tendremos meta-relaciones sexuales y nos volveremos meta-chalados. Si Mark Zuckerberg se sale con la suya, podríamos pasar más tiempo en Internet que en el mundo real.

No solo tenemos que CALLAR. También necesitamos DESCONECTAR.

Hemos conocido al enemigo y somos nosotros

Lo bueno de Internet es que ha hecho posible —y fácil y barato— que cualquiera pueda crear cualquier cosa y compartirla en línea. Lo malo es que mucha gente aprovecha esta oportunidad. Actualmente hay más de seiscientos millones de blogs en Internet que publican veintinueve millones de nuevas entradas a diario.[12] Hay

---

[12] J. J. Pryor, «How Many Stories Are Published on Medium Each Month?», Medium, 3 de febrero de 2021, https://medium.com/feedium/how-many-stories-are-published-

dos millones de pódcast, cuatro veces más que en 2018,[13] que en su mayoría nadie escucha. Miles de personas gastan millones de dólares (en total) para asistir a conferencias instituidas por organizaciones como la Global Speakers Federation y la National Speakers Association, donde te sientas en un auditorio en penumbra para oír a oradores públicos hablar en público sobre el arte de hablar en público a personas que sueñan con ser oradores públicos. ¿Por qué? Gracias a TED y a su hijastro infernal TEDx, cada año decenas de miles de aspirantes a asesores en liderazgo, líderes del pensamiento e intelectuales públicos se suben a un escenario con un ridículo micrófono y nos informan de que si nos esforzamos, hacemos operativos nuestros valores, nos apropiamos de nuestras historias, creamos una red de contactos importantes y hacemos del estrés nuestro amigo, quizá encontremos la felicidad. Yo preferiría encontrar un abismo infernal. Cada minuto se suben a YouTube quinientas horas de nuevos vídeos.[14] En esos mismos 60 segundos, se crean aproximadamente 1,8 millones de Snaps y se publican 700.000 historias en Instagram.[15] Se tuitean casi 600.000 tuits y se envían 150.000 mensajes de Slack.[16] Cada minuto se reproducen 167 millones de vídeos en TikTok, 4,1 millones en YouTube, 70.000 horas de Netflix y 40.000 horas de música en Spotify.[17]

Cada. Puto. Minuto.

---

on-medium-each-month-fe4abb5c2ac0#:~:textWell%2C%20for%20the%20quick%20answer,answer%20for%202020%20on%20Mr.

[13] «2021 Podcast Stats & Facts (New Research from APR 2021)», Podcast Insights, 28 de diciembre de 2021, https://www.podcastinsights.com/podcast-statistics/#:~:text=Also%2C%20a%20common%20question%20is,episodes%20as%20of%20April%202021.

[14] Lori Lewis, «Infographic: What Happens in an Internet Minute 2021», All Access, https://www.allaccess.com/merge/archive/33341/infographic-what-happens-in-an-internet-minute.

[15] Werner Geyser, «TikTok Statistics—Revenue, Users & Engagement Stats (2022)», Influencer Marketing Hub, 15 de febrero de 2022, https://influencermarke-tinghub.com/tiktok-stats/.

[16] «How Much Data Is Generated Every Minute on the Internet?», Daily Info-graphic, 1 de diciembre de 2021, https://dailyinfographic.com/how-much-data-is-generated-every-minute.

[17] Lewis, «Infographic».

El humorista Bo Burnham se pregunta en *Inside*, un especial que rodó en su casa durante el confinamiento por el covid-19: «¿Hace falta que todas las personas de este planeta expresen al mismo tiempo todas sus opiniones sobre todo lo que ocurre? ¿Hace falta? O, por decirlo de otro modo, ¿nadie puede cerrar la puta boca? ¿Puede alguien guardarse su opinión sobre algo durante… una hora? ¿Es eso posible?».[18]

La explosión cámbrica de contenidos comenzó a principios de la década de 2000, cuando Internet adquirió la velocidad suficiente para ser útil. Pero realmente despegó en la década de 2010, con la aparición de los teléfonos inteligentes que nos permitieron llevar infinitas formas de distracción en el bolsillo allá donde fuéramos y permanecer conectados en todo momento. En la época de los módems de acceso telefónico, hablábamos de «entrar en Internet». Ahora Internet está en nosotros. Lo llevamos en el cuerpo. Internet es nuestro entorno y por eso el trabajo exige que estemos disponibles en todo momento, respondiendo a correos electrónicos y recibiendo mensajes en Slack. En un día laborable normal, Slack acumula más de mil millones de minutos de uso.[19] Pese a nacer como un salvavidas para los trabajadores, especialmente para los que trabajan a distancia, la plataforma se convierte con demasiada frecuencia en una vía para que esos plastas molestos que antes interferían en nuestro trabajo asomándose a nuestro despacho hagan lo mismo en el mundo virtual.

El estadounidense medio utiliza diez aplicaciones al día, treinta al mes y consulta su móvil cada doce minutos. Los adictos empedernidos consultan su teléfono cada cuatro minutos. Uno de cada cinco mileniales abre una aplicación ¡más de cincuenta veces al día! En 2010 los estadounidenses utilizaban sus teléfonos inteligentes una media de veinticuatro minutos al día. En 2021 subió a cuatro horas y veintitrés minutos al día.[20] TikTok tiene más de

---

[18] «Bo Burnham Inside: Can Anyone Shut Up Monologue», YouTube, https://www.youtube.com/watch?v=okqohj1IMlo.

[19] Jacquelyn Bulao, «21 Impressive Slack Statistics You Must Know About in 2022», Techjury, 2 de mayo de 2022, https://techjury.net/blog/slack-statistics/#gref.

[20] Scott Galloway, «In 2010, we spent 24 minutes on our phones», Twitter, 25 de enero de 2022, https://twitter.com/profgalloway/status/1485965678683193349.

mil millones de usuarios y, según una empresa de investigación, el usuario medio pasa ochocientos cincuenta minutos al mes en la aplicación.[21]

Estamos tan ávidos de contenidos que reproducimos vídeos de YouTube y pódcast a doble velocidad para poder pasarlos más rápido. Y ni siquiera eso nos basta, por lo que miramos varias pantallas al mismo tiempo. Vemos *Ted Lasso* mientras nos desplazamos por Twitter, TikTok e Instagram en nuestros iPhones y consultamos el correo electrónico en nuestros portátiles. Alrededor del noventa por ciento de la población mira un segundo dispositivo mientras ve la televisión.[22] ¿Por qué lo hacemos? Porque podemos.

El problema es que no podemos. Nuestros cerebros son pésimos para la multitarea. Intentarlo nos vuelve más tontos, literalmente. Según un estudio, la multitarea reduce el coeficiente intelectual de las personas a los niveles de un niño de ocho años o de alguien que se ha pasado la noche fumando hierba. Elegid.[23] Los investigadores han identificado un trastorno llamado «amnesia digital», la incapacidad para acumular recuerdos a largo plazo. En una encuesta, el cuarenta por ciento de los participantes no pudo recordar el número de teléfono de sus hijos ni el de su lugar de trabajo.[24]

Entretanto los contenidos que consumimos son cada vez más breves, lo que merma nuestra capacidad de concentración. En 2015 un equipo de investigación de Microsoft descubrió que, desde el año 2000, la capacidad media de atención del ser humano había descendido de doce a ocho segundos, es decir, menos que

---

[21] Werner Geyser, «TikTok Statistics—Revenue, Users & Engagement Stats (2022)», Influencer Marketing Hub, 15 de febrero de 2022, https://influencermarketinghub.com/tiktok-stats/#toc-0.

[22] Nate Anderson, «88% of Americans Use a Second Screen While Watching TV. Why?», Ars Technica, 26 de diciembre de 2019, https://arstechnica.com/gaming/2019/12/88-of-americans-use-a-second-screen-while-watching-tv-why/.

[23] Christian P. Janssen *et al.*, «Integrating Knowledge of Multitasking and Interruptions Across Different Perspectives and Research Methods», *International Journal of Human-Computer Studies* 79 (2015), pp. 1-5, https://doi.org/10.1016/j.ijhcs.2015.03.002.

[24] «Forget Your Kid's Phone Number? "Digital Amnesia" Is Rampant, Poll Finds», CBC News, 8 de octubre de 2015, https://www.cbc.ca/news/science/digital-amnesia-kaspersky-1.3262600.

la de un pez dorado.[25] Y eso fue antes de que apareciera TikTok, que vomita vídeos de quince segundos mientras miramos nuestros móviles boquiabiertos y fascinados. A estas alturas, nuestra capacidad de atención habrá bajado a... ¿cuánto? ¿Cuatro segundos? Eso aún nos sitúa por delante de las moscas de la fruta, que tienen una capacidad de atención inferior a un segundo, pero ya encontraremos la forma de llegar a ese punto.

Basura a la velocidad de la luz

El problema no es solo la cantidad de material que circula, sino también que gran parte es mierda digital que nos derrite el cerebro. Lo que algunos llaman la (segunda) edad de oro de la televisión comenzó en 1999 con *Los Soprano*, seguida de *Mad Men*, *Breaking Bad* y *Juego de tronos*. Se puede discutir —la gente lo hace— sobre si esa edad de oro ha terminado, se está apagando o sigue al pie del cañón. Lo que no se puede discutir es que por cada serie buena hay cincuenta horribles, y pronto habrá cien. Nos rodea un océano de residuos tóxicos y el nivel del mar está subiendo.

Jake Paul rebuzna como un burro con lesiones cerebrales... y tiene veinte millones de suscriptores en YouTube. Dr. Pimple Popper nos acribilla con puntos negros y volcanes de pus en nuestras pantallas... y lleva siete temporadas. Johnny Knoxville ha rodado cinco películas de *Jackass*, que básicamente consisten en imbéciles que inventan nuevas formas de golpearse las pelotas entre sí... y esas películas han recaudado más de quinientos millones de dólares en taquilla. Cuanto más ruidoso se vuelve todo, más escandaloso, ofensivo y repugnante hay que ser para destacar. El resultado es un mundo que se ha convertido en un cruce entre *Jerry Springer* e *Idiocracia*, una película sobre un futuro distópico en el que los seres humanos se han convertido en imbéciles y el programa de televisión más popular es *¡Ay! ¡Mis pelotas!* que trata de... bueno, eso.

---

[25] Kevin McSpadden, «Science: You Now Have a Shorter Attention Span Than a Goldfish», *Time*, 14 de mayo de 2015, https://time.com/3858309/attention-spans-goldfish/.

Si alguna civilización alienígena superior nos observa desde tropecientos mil años luz de distancia, probablemente se ilusionó al vernos crear una red que conectaba a todos los habitantes del planeta. ¡Grandes noticias! ¡Un enorme salto evolutivo! Pero veinte años después, tras ver cómo utilizamos este maravilloso avance tecnológico, seguro que están dispuestos a darnos por perdidos: «¿PewDiePie? ¿Alex Jones? Vale, apaga el satélite».

Máquinas inteligentes que idiotizan a los humanos

Hace veinte años muchos de nosotros creímos, ingenuamente, que Internet daría paso a una era de prosperidad utópica: «Imaginemos veinte años más de pleno empleo... y mejor calidad de vida», predijo el fundador de *Wired* en 1999.[26] Pero entonces un puñado de empresas gigantes monopolizó Internet y volvió la tecnología en nuestra contra. En los últimos veinte años hemos experimentado un cambio tecnológico más espectacular que el del siglo anterior, pero nuestros cerebros no pueden evolucionar lo bastante rápido para seguir el ritmo. Las máquinas nos han superado y abrumado.

Aunque en gran parte sigue siendo invisible para nosotros, nos rodea una inteligencia digital que supera con creces nuestra inteligencia humana. TikTok es una aplicación idiota llena de idiotas que hacen idioteces y vuelven idiotas a otras personas. Pero esa aplicación idiota está impulsada por una inteligencia de una sofisticación casi insondable. El código de TikTok, basado en inteligencia artificial, induce la adicción con tal eficacia que Facebook, Instagram, Snapchat y Twitter están desesperados por descubrir su funcionamiento mediante ingeniería inversa.

En la última década la IA nos ha sorprendido y ahora lo controla todo, desde los mercados de valores hasta los supermercados, desde los envíos hasta las compras. Las máquinas nos contratan y las máquinas nos despiden. Los algoritmos nos controlan,

---

[26] Kevin Kelly, «The Roaring Zeros», *Wired*, 1 de septiembre de 1999, https://www.wired.com/1999/09/zeros/.

nos miden y nos gestionan. Los estudios de Hollywood utilizan IA para decidir qué películas se van a estrenar. Los anunciantes utilizan herramientas de IA para saber qué añadir a su publicidad en línea para hacerla más eficaz: los cachorros de perro tienen más éxito que los gatitos. Las imágenes de médicos y bicicletas generan más interacción por parte de los usuarios. Las recomendaciones que recibimos en Netflix, Amazon y Spotify y los anuncios que vemos en Facebook los eligen algoritmos de IA que recopilan miles de datos sobre nosotros y los examinan en milisegundos para averiguar qué palabras e imágenes incitarán a nuestro pequeño cerebro de primate a pulsar el botón «comprar». Al principio, usábamos ordenadores. Ahora los ordenadores nos usan a nosotros.

Estamos sometidos a presiones y factores estresantes como nada que el ser humano haya experimentado antes, cosas con las que no habríamos podido soñar hace una generación. ¿Os imagináis lo horrorizado y deprimido que estaría vuestro yo del año 2000 si pudiera ver nuestro aspecto actual? Como declaró un antiguo ejecutivo de Facebook ante el Congreso, los algoritmos utilizados por Facebook y otros «han recableado nuestros cerebros».[27]

Menos humanos que humanos

No es solo que la tecnología haya cambiado; hemos cambiado nosotros. Nuestros cerebros zumban por el ruido de fondo. No podemos concentrarnos, no podemos recordar, no podemos aprender, no podemos pensar con claridad. Además de los atracones de series, hacemos «*doomscrolling*», «*rage tweeting*», «*shitposting*», «*livestreaming*». «Ningufoneamos» a los demás, es decir, desairamos a las personas que tenemos al lado mirando el móvil en lugar

---

[27] Aaron Holmes, «Facebook's Former Director of Monetization Says Facebook Intentionally Made Its Product as Addictive as Cigarettes—and Now He Fears It Could Cause "Civil War"», *Business Insider*, 24 de septiembre de 2020, https://www.businessinsider.com/former-facebook-exec-addictive-as-cigarettes-tim-kendall-2020-9.

de hablar con ellas. En lugar de ir a ver los partidos de fútbol de nuestros hijos u oírlos desafinar en la obra del colegio, levantamos nuestros móviles y los grabamos. Una persona media se hace más de cuatrocientos cincuenta selfis al año, es decir, veinticinco mil a lo largo de su vida.[28] Discutimos con bots creyendo que son personas. ¡Si hasta hacemos fotos de nuestra comida!

Seducidos y confundidos por tecnologías que no entendemos, nos lanzamos a esquemas Ponzi y nos despluman. Los criptoinversores utilizan dinero real para comprar dinero falso y luego lo pierden casi todo. Los compradores de activos digitales intangibles (NFT) han tirado cientos de miles, incluso millones de dólares en caricaturas de «simios aburridos» que cualquiera puede copiar gratis y que solo sirven para recordarnos que algunos ricos también son muy estúpidos. En 2021 un inversor rico pero no muy avispado pagó 2,9 millones de dólares por un NFT del primer tuit del cofundador de Twitter, Jack Dorsey. Meses después, cuando intentó venderlo, esperaba conseguir 48 millones de dólares. En cambio, la oferta más alta que recibió fue de doscientos ochenta dólares.[29] ¿Quién se lo iba a imaginar?

Internet no solo nos está volviendo tontos, sino también furiosos. Y es que, cuando se trata de engancharnos, el cabreo funciona. Los mensajes enfadados se comparten más que los felices.[30] Las expresiones que denotan confusión, ira, miedo y asco obtienen más visitas que las imágenes de personas sonriendo.[31] Y eso es lo que hace la gente. Y se filtra a la vida real. La mayoría de los estadounidenses dicen a los encuestadores que ellos y quienes los rodean

---

[28] Sean Morrison, «Average Person Takes More Than 450 Selfies Every Year, Study Finds», *Evening Standard*, 19 de diciembre de 2019, https://www.standard.co.uk/news/uk/average-person-takes-more-than-450-selfies-every-year-study-finds-a4317251.html.

[29] Prabhat Verma, «They Spent a Fortune on Pictures of Apes and Cats. Do They Regret It?», *Washington Post*, 25 de mayo de 2022, https://www.washingtonpost.com/technology/2022/05/25/nft-value-drop/.

[30] «Most Influential Emotions on Social Networks Revealed», *MIT Technology Review*, 2 de abril de 2020, https://www.technologyreview.com/2013/09/16/176450/most-influential-emotions-on-social-networks-revealed/.

[31] «What Works on Tiktok: Our AI Analysis», Butter Works, https://butter.works/clients/tiktok/charts.

están más enfadados que antes.[32] Hay tanta ira que ahora la ira nos enfada. Pensábamos que Internet sacaría lo mejor de nosotros, pero ha sacado lo peor. Pensábamos que Internet nos uniría. Sin embargo, nos ha separado.

¿Recordáis cuando la gente decía en Internet cosas que nunca diría a la cara? Ahora lo dicen a la cara. Los pijos privilegiados se vuelven locos y exigen hablar con el responsable. Los palurdos se pelean a tortazos en los restaurantes. Los teóricos de la conspiración invaden a gritos las reuniones del consejo escolar. Los concienciados gritan por las microagresiones; los microagresores gritan a los concienciados. Lo que antes llamábamos furia al volante ahora es furia en todas partes. Los auxiliares de vuelo reciben puñetazos en la boca. La Administración Federal de Aviación investigó más de mil incidentes con pasajeros revoltosos en 2021, cinco veces más que en cualquier año anterior.[33] Los índices de asesinatos se han disparado en algunas ciudades de Estados Unidos.[34]

Tal vez sea entretenido ver a gente pija cabreadísima en un Walmart o a los seguidores de QAnon reunidos en Dealey Plaza para esperar la llegada de JFK Jr., pero no es tan divertido cuando un ejército de chiflados ataca el Capitolio con la esperanza de linchar al vicepresidente, ni cuando un número no insignificante de estadounidenses cree que las elecciones de 2020 las robaron unos extraterrestres que desde Marte manipularon las máquinas de recuento de votos con cañones láser, ni cuando cientos de miles de personas mueren innecesariamente porque otras personas no se vacunan porque las han convencido de que las vacunas son más peligrosas que el propio covid-19 y contienen dispositivos de seguimiento creados por Bill Gates.[35]

---

[32] Matt Labash, «High Steaks», entrada de blog, *Slack Tide by Matt Labash*, 3 de febrero de 2022, https://mattlabash.substack.com/p/high-steaks?s=r.

[33] «2021 Unruly Passenger Data», Federal Aviation Administration, 1 de marzo de 2022, https://www.faa.gov/data_research/passengers_cargo/unruly_passengers/.

[34] Zusha Elinson, «Murders in U.S. Cities Were Near Record Highs in 2021», *Wall Street Journal*, 6 de enero de 2022, https://www.wsj.com/articles/murders-in-u-s-cities-were-near-record-highs-in-2021-11641499978.

[35] Simon Kuper, «The True Toll of the Antivax Movement», *Financial Times*, 13 de enero de 2022, https://www.ft.com/content/a1b5350a-4dba-40f4-833b-1e35199e2e9b.

La locura empieza en parte porque cuando estamos en Internet nos convertimos en personas diferentes. Incluso cuando usamos nuestros nombres reales y creemos que somos la misma persona, no lo somos. El «yo en línea» es una persona diferente del «yo real». Y muchos de nosotros tenemos varios personajes en línea, que cambian de forma cuando nos movemos de una plataforma o un entorno a otro, creando una nueva identidad en cada uno de ellos. Nos convertimos en actores, interpretamos un elenco de personajes, nos pavoneamos y nos inquietamos durante horas en los escenarios digitales que nos ofrecen Discord, Facebook, Instagram, TikTok y Twitter en un ruido y furia que nada significa.

Las redes sociales nos llevan a desarrollar una forma leve de trastorno de identidad disociativo, lo que antes se llamaba doble personalidad y era el tema de películas de terror como *Psicosis* y *Sybil*. Una mujer alemana desarrolló este trastorno tras pasar dos años desempeñando varias personalidades en juegos en línea.[36] Los psiquiatras han descubierto que los internautas más adictos suelen presentar síntomas disociativos.[37] Estamos experimentando una enfermedad mental a escala social, impulsada por un torrente de información. El mundo entero necesita desconectar.

La crisis del cortisol

El cortisol y la adrenalina son hormonas del estrés asociadas a la respuesta de lucha o huida, la reacción fisiológica automática que nos salva de amenazas como el ataque de un tigre o un ladrón. Cuando estas hormonas se liberan en el torrente sanguíneo, desconectan todo lo que no está relacionado con la supervivencia y provocan un aumento de la tensión arterial, la frecuencia cardiaca y el azúcar en sangre.

En arrebatos breves, el cortisol y la adrenalina nos ayudan. No podríamos sobrevivir sin ellos. Pero la exposición crónica causa

---

[36] B. T. te Wildt *et al.*, «Identität und Dissoziation im Cyberspace», *Der Nervenarzt* 77, n.º 1 (2006), pp. 81-84, https://doi.org/10.1007/s00115-005-1893-x.

[37] Fatih Canan *et al.*, «The Association Between Internet Addiction and Dissociation Among Turkish College Students», *Comprehensive Psychiatry* 53, n.º 5 (2012), pp. 422-26, https://doi.org/10.1016/j.comppsych.2011.08.006.

estragos. Estar en línea, sobre todo al teléfono, crea una forma suave si bien persistente de estrés que hace que nuestro cuerpo produzca cortisol constantemente. Usar el teléfono nos estresa pero también nos estresa no usarlo, porque entonces nos preguntamos si deberíamos mirarlo para ver si ha pasado algo desde la última vez que lo miramos.

Y entonces, cuando consultamos el móvil, descubrimos que el pesado de nuestro jefe ha encontrado una nueva forma de ser pesado y que, entretanto, en Twitter un desconocido nos quiere hacer saber que deberíamos suicidarnos. ¡Bam! Se abren las compuertas del cortisol. No nos inquieta tanto como si saliera un tigre de los arbustos, pero una dosis baja de cortisol administrada de forma constante resulta ser peor que un pico elevado y breve. Vivir con niveles crónicamente elevados de cortisol conduce a cosas malas: obesidad, diabetes tipo 2, infartos, alzhéimer.[38] El cortisol genera ansiedad y depresión. ¿Adivináis por qué el uso de antidepresivos y las tasas de suicidio se han disparado en los últimos veinte años?

«La exposición prolongada a grandes dosis de cortisol te matará… despacio», explica el endocrinólogo Robert Lustig en *The Hacking of the American Mind: The Science Behind the Corporate Takeover of Our Bodies and Brains*.[39] El cortisol provoca un «peor funcionamiento cognitivo» e interfiere en la parte del cerebro encargada del autocontrol y la toma de decisiones, el lóbulo que «nos impide hacer estupideces», explica Lustig al *New York Times*.[40]

El cortisol puede causar daños físicos en el cerebro: los médicos ven los cambios en una resonancia magnética.[41] Destroza la

---

[38] Sami Ouanes y Julius Popp, «High Cortisol and the Risk of Dementia and Alzheimer's Disease: A Review of the Literature», *Frontiers in Aging Neuroscience* 11 (2019), https://doi.org/10.3389/fnagi.2019.00043.

[39] Robert H. Lustig, *The Hacking of the American Mind: The Science Behind the Corporate Takeover of Our Bodies and Brains*, Nueva York: Avery, 2018, pp. 60-62.

[40] Lustig citado en Catherine Price, «Putting Down Your Phone May Help You Live Longer», *New York Times*, 24 de abril de 2019, https://www.nytimes.com/2019/04/24/well/mind/putting-down-your-phone-may-help-you-live-longer.html.

[41] Terry Small, «Brain Bulletin #5—Stress Makes You Stupid», TerrySmall.com, https://www.terrysmall.com/blog/brain-bulletin-5-stress-makes-you-stupid#:~:text=When%20you%20stress%2C%20you%20release,for%20your%20brain%2C%20say%20researchers.

memoria y dificulta la concentración. «El coeficiente intelectual cae en picado. Desaparecen la creatividad y el sentido del humor. Nos volvemos estúpidos», declaró a *Wired* el psiquiatra Edward Hallowell, autor de *Driven to Distraction* y *¡No te vuelvas loco!*[42] Y es entonces cuando acabas tirado en el sofá viendo granos reventando en la pantalla.

Apaga, desconecta

Netflix no hará menos películas. Facebook, Google y Twitter no van a refrenarse. Los reguladores imponen multas, pero no sirve de nada. Los miembros del Congreso apenas entienden lo más básico de Internet, por ejemplo cómo ganan dinero los gigantes tecnológicos. «Senador, tenemos publicidad», tuvo que explicar Zuckerberg al senador de Utah Orrin Hatch como si le hablara a un niño. Para elaborar leyes que controlen los algoritmos de la IA no se puede confiar en personas que desconocen la diferencia entre Twitter y TikTok.

Así que depende de nosotros. No podemos cambiar el mundo, pero podemos protegernos de él. A nivel individual, se trata de proteger nuestra cordura. A nivel colectivo, se trata de salvar la civilización. Hay indicios, aunque pequeños, de que algunas personas están siguiendo este consejo. En 2022 Facebook empezó a perder suscriptores y registró el primer descenso de ingresos de su historia.[43] En el primer semestre de 2022 Netflix perdió abonados por primera vez en su historia.[44]

Nadie dejará de usar Internet ni cancelará todas sus suscripciones de *streaming*; tampoco debería porque, de innumerables

---

[42] Eric Hagerman, «Don't Panic—It Makes You Stupid», *Wired*, 21 de abril de 2008, https://www.wired.com/2008/04/gs-08dontpanic/.

[43] Lexi Lonas, «Facebook Reports Losing Users for the First Time in Its History», *Hill*, 4 de febrero de 2022, https://thehill.com/policy/technology/592802-facebook-reports-losing-users-for-the-first-time-in-its-history/#:~:text=Facebook's%20earnings%20report%20on%20Wednesday,2021%2C%20the%20arnings%20report%20showed.

[44] Emma Roth, «Survey Shows Netflix Is Losing More Long-Term Subscribers», Verge, 18 de mayo de 2022, https://www.theverge.com/2022/5/18/23125424/netflix-losing-long-term-subscribers-streaming.

maneras, Internet ha mejorado muchísimo nuestras vidas, y Netflix y otros servicios de *streaming* producen algunos programas estupendos. Pero podemos prepararnos —a nosotros y a los demás— para consumir menos contenidos y utilizar Internet de forma menos perjudicial: frenar la rueda de la ansiedad y desconectar.

El catedrático de Medios de Comunicación Ian Bogost propone limitar el número de personas con las que nos relacionamos en línea. Cita el trabajo del psicólogo británico Robin Dunbar, que postuló que hay un límite biológico en el número de personas con quienes podemos tener una conexión significativa: unas ciento cincuenta. En cuanto a las relaciones verdaderamente íntimas, llegamos a un máximo de quince personas. Y existe una relación inversa entre cantidad y calidad: cuantas más conexiones se establecen, peores son.

Bogost afirma que la cifra de Dunbar se aplica en Internet igual que en la vida real. Antes de Internet, la mayoría hablábamos menos y con menos gente. Pero Internet nos permite operar a «megaescala» y establecer miles o incluso millones de conexiones superficiales. Por eso nos hemos desvinculado de la realidad y vamos camino del desastre. «Vivir entre los crecientes residuos que vomita la megaescala es insostenible», escribió Bogost en *Atlantic* en 2022, en un artículo titulado «La gente no está hecha para hablar tanto».[45]

El argumento de Bogost se reduce a la noción de que todos debemos callarnos: «Ya es hora de cuestionar una premisa fundamental de la vida en línea: ¿y si la gente no DEBE decir tanto, y a tantos, tan a menudo? [...] ¿No sería mejor que menos gente publicara menos cosas, con menos frecuencia, y que las viera un público más reducido?».

Sería mejor. Pero ¿cómo conseguirlo? Bogost sugiere que las empresas de Internet rediseñen los espacios en línea para limitar el número de personas a las que podemos llegar. Es una bonita idea, pero después de haber trabajado un tiempo en una empresa de redes sociales, puedo asegurar que eso nunca ocurrirá. Nadie

---

[45] Ian Bogost, «People Aren't Meant to Talk This Much», *Atlantic*, 16 de febrero de 2022, https://www.theatlantic.com/technology/archive/2021/10/fix-facebook-making-it-more-like-google/620456/.

con quien haya trabajado, ni una sola persona, se plantearía restringir el número de usuarios. En todas las conversaciones se hablaba de atraer más gente a la plataforma y mantenerla en ella durante más tiempo, robándosela a otras plataformas.

El objetivo es crecer. Siempre crecer. Crecer a toda costa. Las empresas de redes sociales no emplean a miles de moderadores para perseguir y eliminar contenidos atroces porque les preocupe la seguridad. Lo hacen porque el contenido ofensivo ahuyenta a la gente. No os protegen a vosotros, protegen su negocio.

Cómo desconectar

Nuestros teléfonos son dispositivos FOMO —acrónimo de *Fear of Missing Out*, «miedo a perderse algo»—, una forma de asegurarnos de que no se nos escapa nada. Es significativo que la primera palabra del acrónimo sea *miedo*. Nos cobijamos en nuestros teléfonos como si nos protegiesen y esperamos que nos tranquilicen, cuando irónicamente hacen exactamente lo contrario. Son dispositivos de agitación, pequeñas máquinas del miedo alimentadas con batería.

También es significativo que el acrónimo FOMO ni siquiera existiera antes de que tuviésemos móviles. En la era anterior a los teléfonos inteligentes, nos perdíamos cosas constantemente. Eso no nos aterraba. Cuando nos sentíamos tristes, asustados o ansiosos, comprábamos: zapatos, coches, barcos, más zapatos, casas. Elegid el mal menor. La cultura consumista está impulsada por la creencia de que si compramos suficientes cosas, podremos llenar algún vacío existencial de nuestro interior. Por supuesto, nada llena ese pozo de desesperación y necesidad. Pero en lugar de rendirnos, volvemos a por más terapia consumista.

Hoy en día intentamos calmar la ansiedad consumiendo no solo cosas inútiles y basura, sino también información inútil y basura. Nos atiborramos de cuanto podemos, tres cosas a la vez, a doble velocidad, hasta que nuestro cerebro echa humo. El ruido nos distrae y nos ayuda a evitar enfrentarnos con las cosas que nos matan de miedo, como la muerte. ¿Preocupada por el trabajo?

¿Deprimido por una ruptura? ¿Te sientes aburrido, ansioso, inquieto, nervioso? Olvídate mirando TikTok.

Irónicamente, mucha gente acude a TikTok para que le ayude con su salud mental, incluso cuando el mismo TikTok se la destroza. Al igual que derrochar en zapatos o coches, atiborrarse de información no soluciona nuestros problemas, sino que los empeora. La rueda de la ansiedad sigue rodando.

Todos queremos ser felices. Sin embargo, nos comportamos de formas que nos hacen infelices. Hablamos de Internet y de la sobrecarga de información como si estuviéramos indefensos ante ellos, como si fueran algo que nos ocurre y no una elección propia. Pero el consumo es una elección y podemos dejar de elegirlo.

Internet nunca será un lugar tranquilo, como tampoco lo serán los estadios de fútbol ni el centro de Manhattan. El ruido nunca desaparecerá. Pero nosotros sí podemos desconectar. Por el bien de nuestra salud física y de nuestro bienestar psicológico, debemos intentarlo.

03

Callarse en las redes sociales

Primero dejé Facebook, porque era donde perdía más tiempo y obtenía menos beneficios. En lugar de dejarlo de golpe, empecé eliminando las aplicaciones de Facebook y Messenger de mi móvil. Si quería entrar en Facebook tenía que utilizar el navegador, lo que me dificultaba entrar, ir deslizando publicaciones y hacer comentarios absurdos. Durante una semana noté el mono. Después la aplicación dejó de atraerme. No he cerrado mi cuenta. Cada pocos meses echo un vistazo por si alguien me ha enviado un mensaje. Pero nada más. Nunca publico nada. Nunca.

Después vino Instagram, que fue fácil de dejar, y TikTok, que requirió algo de fuerza de voluntad porque básicamente es fentanilo en un teléfono. Con estas últimas simplemente borré las aplicaciones del móvil y confié en mi fuerza de voluntad para superar la primera semana de abstinencia, después de la cual, igual que con Facebook, el ansia desapareció.

Mantuve mi cuenta de LinkedIn, porque me ayuda en mi trabajo. Me quedé en Twitter porque es un buen filtro de noticias, pero en modo de solo lectura, lo que me obliga a cerrar el pico y no tuitear, pulsar «me gusta» o compartir. Algo interesante que he notado es que Twitter se vuelve mucho menos atractivo cuando no hablas y no puedes usarlo para alimentar el deseo narcisista de montar un espectáculo. Esto dice algo sobre mí, pero también sobre la aplicación y para qué está diseñada, así como sobre las personas que más tuitean.

Liberado de una prisión que yo mismo me había creado, empecé a invertir mi rueda de la ansiedad, convirtiendo un círculo vicioso en un círculo virtuoso. Durante años había hablado tanto en Internet como en la vida real, y quizá más. Publicaba fotos en Facebook y comentaba todo lo que escribían mis amigos. Entraba en Twitter una docena de veces al día y rara vez salía sin tuitear algo, o al menos comentar y retuitear. Escribía hilos de tuits. Me uní a turbas virtuales. Atacaba y era atacado. Me reía de políticos tontos. Intercambiaba insultos.

Alejarme de todo eso me permitió recuperar horas que todos los días malgastaba en tonterías, pero lo más importante fue la sensación de alivio que experimenté. Tuitear en exceso es primo hermano de hablar en exceso e igual de nocivo. Durante años había sentido la presión de tener que levantarme a diario con algo inteligente, ingenioso o perspicaz que decir. Pero ahora la presión se había evaporado y, por extraño que parezca, no tenía ni idea de por qué había sentido siquiera esa compulsión. El mundo no estaba aguardando con la respiración contenida lo que yo tuviese que decir. El universo no necesitaba ni quería mis pensamientos y opiniones. A nadie le importó que dejara de tuitear. Nadie se dio cuenta. Mi ego se ofendió un poco, desde luego. Pero eso fue un precio pequeño a cambio de lo bien que se sentía el resto de mí. El efecto de alejarse de las redes sociales no es sutil; es profundo.

Podéis aceptar o rechazar algunos de los otros ejercicios que he ideado en mis «Cinco maneras de callarse». ¿No os gusta la meditación? Perfecto. Os la saltáis. Pero alejarse de las redes sociales no es opcional. Es obligatorio. No hace falta dejarlas del todo, pero sí reducirlas mucho.

Aplicad las mismas reglas que seguís al hablar. Disciplina. Prudencia. Comunicarse con intención. Tener un plan. Escuchar más que hablar. Dejar de hablar por inercia, dejar de hablar por hablar. Ya es difícil lograrlo en el mundo real, pero en Internet es incluso peor porque nos enfrentamos a empresas tecnológicas que están decididas a que hablemos más de la cuenta y sin parar, a tuitear de forma compulsiva.

Si no podemos frenar nuestro uso de las redes sociales, jamás conseguiremos callarnos.

No podemos parar; no pararemos

Un día de 2013 un informático de Google llamado Tristan Harris tuvo una epifanía: su empresa estaba haciendo daño al mundo. Igual que Facebook, Instagram y otras redes sociales. Las aplicaciones sociales podían ser nocivas para la gente, sobre todo para los niños. Los informáticos utilizaban técnicas psicológicas que podían convertirnos en adictos a nuestras aplicaciones. Básicamente un grupo de jóvenes informáticos blancos, muchos de ellos licenciados en Stanford como Harris, estaban experimentando con seres humanos, a menudo con resultados calamitosos.

Harris hizo como Jerry Maguire: envió una presentación de 141 diapositivas que criticaba a su propia empresa e instaba a sus colegas de Google a rediseñar los productos para hacerlos menos adictivos, con menor capacidad de distracción y, en terminología de Google, menos malvados. La presentación se hizo viral dentro de la empresa. A la gente le encantó. Harris pasó de ser un don nadie a hacerse famoso. Incluso Larry Page, cofundador y director de Google, oyó hablar de él. Lo ascendieron a un nuevo puesto de «diseñador ético» y pareció que se tomaban su mensaje muy en serio. Pero Harris era ingenuo perdido. Google nunca haría que sus productos fuesen menos adictivos. Su modelo de negocio dependía de que se volvieran precisamente más adictivos. Cuanto más tiempo pasara la gente utilizando los productos de Google, más dinero ganaría la empresa.

Finalmente Harris abandonó Google y fundó una organización sin ánimo de lucro, el Center for Humane Technology, para enfrentarse a la industria de las redes sociales, que según él «degradaba a los humanos». Pronunció discursos e incluso testificó ante el Congreso. En 2020 protagonizó el documental de Netflix *El dilema de las redes*, una invectiva contra las redes sociales en la que un puñado de antiguos ejecutivos de Facebook, YouTube, Pinterest y Twitter se arrepienten de sus pecados. *El dilema de las redes* se estrenó los primeros días del confinamiento pandémico, cuando todo el mundo veía programas en bucle y estaba obsesionado por las redes sociales; tuvo 38 millones de visualizaciones en su primer mes y se convirtió en uno de los documentales más vistos de Netflix. Por fin, Harris había conseguido transmitir su mensaje al mundo. Todos hablaban de los peligros de las redes sociales.

Y luego: no pasó nada.

TikTok ganó quinientos millones de usuarios más. Facebook,[1] Instagram[2] y Snapchat[3] sumaron cuatrocientos millones. A principios de 2022 el mundo pasaba a diario diez mil millones de horas —el equivalente a 1,2 millones de años— en las redes sociales.[4]

Nadie quiere dejar las redes sociales, aunque sepa que le perjudican y que después le harán sentirse peor. Son así de adictivas. Un estudio reveló que las personas se arrepienten del cuarenta por ciento de sus sesiones en las redes sociales, que consideran una pérdida de tiempo, y el sesenta por ciento de las veces se arrepienten de al menos parte de una sesión en las redes sociales.[5] Sin embargo, volvemos una y otra vez. Karl Marx dijo que la religión era el «opio del pueblo». Hoy son TikTok e Instagram.

«El tabaco está pasado de moda; las redes sociales son la nueva moda. Es la droga del siglo XXI», declaró el escritor británico Simon Sinek. De hecho, se ha descubierto que las redes sociales son incluso más adictivas que el tabaco.[6] Y las empresas de redes sociales se han convertido en algo parecido a las grandes tabacaleras:

---

[1] «Facebook: Daily Active Users Worldwide 2022», Statista, https://www.statista.com/statistics/346167/facebook-global-dau/#:~:textFacebook%20audience%20reach&text=The%20number%20of%20monthly%20active,from%2067.4%20percent%20in%202020.

[2] «Instagram Users Worldwide 2025», Statista, https://www.statista.com/statistics/183585/instagram-number-of-global-users/.

[3] «Snap Inc. Announces Fourth Quarter and Full Year 2021 Financial Results», Snap Inc., s. f., https://investor.snap.com/news/news-details/2022/Snap-Inc.-Announces-Fourth-Quarter-and-Full-Year-2021-Financial-Results/default.aspx.

[4] «Global Social Media Stats», DataReportal, https://datareportal.com/social-media-users.

[5] «CMU Researcher Seeks to Understand the Regret Behind Social Media», Human-Computer Interaction Institute, s. f., https://www.hcii.cmu.edu/news/2021/cmu-researcher-seeks-understand-regret-behind-socialmedia#:~:text=At%20the%20end%20of%20the,in%20nearly%2040% 25%20of%20sessions.

[6] Adi Robertson, «Social Media Harder to Resist Than Cigarettes, According to Study», Verge, 5 de febrero de 2012, https://www.theverge.com/2012/2/5/2771255/social-media-willpower-failure-chicago-university-study.

distribuyen un producto nocivo, se dirigen a los niños y ocultan investigaciones científicas que podrían socavar su negocio.

Empresas como Facebook nos sumergen intencionadamente en un bucle de inquietud y nos convierten en habladores excesivos. Su modelo de negocio depende de ello. Ganan dinero vendiendo anuncios, y cuantos más anuncios puedan mostrarnos, más dinero ganarán. Eso significa que necesitan mantenernos en su sitio el mayor tiempo posible. Utilizan técnicas desarrolladas hace casi un siglo por B. F. Skinner, un psicólogo que descubrió que si daba a las ratas de laboratorio recompensas intermitentes, se esforzarían aún más por conseguirlas.

No fue difícil advertir que el truco también funcionaba con los humanos. Los casinos lo hacen con las máquinas tragaperras. No siempre ganas, pero de vez en cuando suenan las campanas y parpadean las luces, así que sigues acudiendo a por tu premio y pronto tu tarjeta de crédito está al límite y sacas dinero del fondo de la universidad de tu hijo para seguir jugando. Los videojuegos utilizan pitidos, campanillas e imágenes de colores para hacer lo mismo: lo llaman *juice*.

Los programas de informática enseñan a los estudiantes a codificar técnicas adictivas en el *software* y a crear interfaces de usuario que nos mantengan pegados a una aplicación. Las grandes empresas de redes sociales han acelerado este proceso con algoritmos de *software* de inteligencia artificial que recopilan billones de datos sobre los usuarios y los conectan a superordenadores capaces de filtrarlos en milisegundos.

Meta, la empresa matriz de Facebook, está construyendo el superordenador más potente del mundo. La empresa opera 18 centros de datos que ocupan casi 3,8 millones de metros cuadrados.[7] Imaginad doscientos Walmart con estanterías llenas de ordenadores del suelo al techo.[8] Este cerebro digital multimillonario

---

[7] Andrew Griffin, «Meta: Facebook Is Building "the Most Powerful AI Computer in the World"», *Independent*, 24 de enero de 2022, https://www.independent.co.uk/tech/meta-facebook-ai-metaverse-rsc-b1999605.html.

[8] Rich Miller, «Facebook Has 47 Data Centers Under Construction», Data Center Frontier, 10 de noviembre de 2021, https://datacenterfrontier.com/facebook-has-47-data-centers-under-construction/.

rastrea todo lo que hacemos: cada vez que desplazamos el cursor y pulsamos una tecla; cada «me gusta», cada comentario y lo que compartimos; cada vez que nos detenemos a mirar una imagen o a leer los comentarios de una publicación y durante cuántos segundos o milisegundos nos detenemos. TikTok cuenta con un sistema de inteligencia artificial aún más eficaz que el de Facebook. Su objetivo es evitar que salgas de la aplicación o, al menos, asegurarse de que vuelves. Ese es el motivo de que todo se puntúe —cuántos «me gusta», cuántos compartidos, cuántos seguidores— y de que las aplicaciones nos envíen notificaciones. A veces cogemos el móvil y no hay nada. Pero a veces encontramos una notificación. Esta recompensa intermitente nos hace volver, como esas ratas en la caja de Skinner, en busca de recompensa. Según una encuesta, la gente consulta su teléfono 344 veces al día, una vez cada 4 minutos.[9]

Mala gestión de la ira

La mejor manera de mantenernos enganchados a la aplicación es conseguir que hablemos; no solo que leamos el contenido, sino que publiquemos, tuiteemos, compartamos, comentemos, o le demos al «me gusta». Y la mejor manera de hablar es enfadarnos. El cerebro digital averigua qué tipo de contenidos nos enfadan y los envía a nuestro *feed*. Las empresas de redes sociales moderan los contenidos y filtran muchas cosas horribles, pero algunos contenidos malos —discursos de odio, teorías de conspiración, desinformación— impulsan la participación. «Ese contenido es el lubricante del negocio», afirma Roger McNamee, uno de los primeros inversores de Facebook que posteriormente se convirtió en crítico de la empresa por considerarla peligrosa. Los sistemas de inteligencia artificial de estas aplicaciones «saben cómo te comportas en situaciones

---

[9] Trevor Wheelwright, «2022 Cell Phone Usage Statistics: How Obsessed Are We?», Reviews, 24 de enero de 2022, https://www.reviews.org/mobile/cell-phone-addiction/#:~:text=using%20our%20phones%3F-On%20average%2C%20Americans%20check%20their%20phones%20344%20times%20per%20day,10%2minutes%20of%20waking%20up.

de estrés. Averiguan cómo eres cuando nadie te ve. Es un gran negocio para estos tipos», me dijo McNamee.

Los usuarios que desean aumentar sus cifras rápidamente comprueban que cuando publican comentarios airados o muy emotivos reciben más recompensas —más compartir, más «me gusta», más comentarios— y empiezan a usar cada vez más ese recurso.[10] Según los investigadores de Yale que analizaron 1,2 millones de tuits de 7.000 usuarios de Twitter, con el tiempo los tuits se vuelven más airados y extremos, y aumenta su indignación moral.[11] «Las recompensas de las redes sociales crean circuitos de retroalimentación positiva que exacerban la indignación», afirma Molly Crockett, la neurocientífica que dirigió el estudio de Yale.[12] Más significativo aún: los investigadores de Yale descubrieron que estas personas también empiezan a publicar con más frecuencia. Se convierten en seres verborreicos que recorren sus mundos virtuales en busca de pelea.

La indignación de Internet se traslada a la vida real. Los investigadores han descubierto que las personas que despotrican en Internet tienden a enfadarse más en su vida personal.[13] El enfado que experimentamos en Internet se queda con nosotros cuando desconectamos.[14]

---

[10] Bill Hathaway, «Likes and Shares Teach People to Express More Outrage Online», YaleNews, 16 de agosto de 2021, https://news.yale.edu/2021/08/13/likes-and-shares-teach-people-express-more-outrage-online.

[11] William J. Brady *et al.*, «How Social Learning Amplifies Moral Outrage Expression in Online Social Networks», *Science Advances* 7, n.º 33 (2021), https://doi.org/10.1126/sciadv.abe5641.

[12] «Outrage Amplified», Findings, *Yale Alumni Magazine*, s. f., https://yalealumnimagazine.com/articles/ 5406-outrage-amplified.

[13] Ryan C. Martin *et al.*, «Anger on the Internet: The Perceived Value of Rant-Sites», *Cyberpsychology, Behavior, and Social Networking* 16, n.º 2 (2013), https://www.liebertpub.com/doi/10.1089/cyber.2012.0130.

[14] «Are Online Rants Good for Your Health?» Healthline, 21 de noviembre de 2017, https://www.healthline.com/health-news/are-online-rants-good-for-your-health#Anger-is-the-real-problem.

Dopamina y depresión

Esas pequeñas recompensas que obtenemos de una aplicación social liberan dopamina, una sustancia química producida por el cerebro que nos da bienestar y actúa como neurotransmisor. Pero la dopamina nos pone en una montaña rusa. Según Anna Lembke, psiquiatra de Stanford y autora de *Generación Dopamina. Cómo encontrar el equilibrio en la era del goce desenfrenado*, cada vez que nuestro cerebro produce dopamina, simultáneamente intenta nivelar las cosas desconectando algunos de nuestros receptores de dopamina, compensando el placer con dolor.[15]

Cuando la dopamina disminuye, caemos en picado y queremos otra dosis. Así que volvemos a Instagram. Al final, la dopamina ya no nos coloca; la necesitamos para sentirnos bien. Si intentamos dejarlo, se experimentan síntomas de abstinencia similares a los de la heroína. Así que volvemos a consumirla. Además, el ciclo nos sume en una espiral de ansiedad y depresión, que son las principales causas de hablar desmesuradamente.

Cuanta más atención recibimos, más ansiamos. Nunca es suficiente. ¿Quién no quiere pasar de una vida de desesperación silenciosa a ser el centro de atención? Incluso Elon Musk, la persona más rica del mundo, que ya es el centro de todas las miradas, quiere más. Adicto a la adulación que recibe en Twitter, Musk se pasa el tiempo insultando y troleando en la plataforma, montando un espectáculo para su público de más de noventa millones de seguidores.

La sed de atención es en realidad una búsqueda de cosas más profundas: conexión, validación, aceptación, popularidad, sentido de pertenencia. En cierto modo, buscamos el amor de amigos, desconocidos e incluso robots. Quizá encontremos o no encontremos el amor y si lo encontramos quizá no sea real, pero durante nuestra búsqueda hacemos exactamente lo que los informáticos del otro lado de la pantalla quieren que hagamos: hablar. Y hablar. Y hablar más y más.

---

[15] Anna Lembke, «Digital Addictions Are Drowning Us in Dopamine», *Wall Street Journal*, 13 de agosto de 2021, https://www.wsj.com/articles/digital-addictions-are-drowning-us-in-dopamine-11628861572.

Lembke solía recetar antidepresivos a los pacientes que sufrían adicción a las redes sociales, pero descubrió que podía conseguir el mismo beneficio recetando un «ayuno de dopamina», lo que significa tomarse un descanso de todas las pantallas y cortar el suministro de dopamina durante un mes. Lembke también sugiere reservar un día sin pantallas a la semana.

Básicamente, prescribe una gran dosis de callarse.

Los beneficios se notan casi de inmediato. Preguntad a cualquier niño que haya ido a un campamento o a una excursión escolar donde no se permitan los móviles. «Fue increíble. Me sentí genial. Me sentí mucho más feliz», así describe mi hijo un viaje de dos semanas a Costa Rica donde todos los niños tuvieron que dejar sus móviles y hablar entre ellos. Les encantó. Estaban contentos, eran sociables y se lo pasaron muy bien. Pero en cuanto llegaron al aeropuerto y les devolvieron los teléfonos, la camaradería desapareció. Los chicos que acababan de pasar dos semanas forjando estrechas amistades desaparecieron inmediatamente y volvieron a encerrarse en sus conchas. «Todo el mundo cambió. Fue como si todos nos volviéramos irritables», dice mi hijo.

Otra vez solo, antinaturalmente

Además de ansiedad y depresión, el uso intensivo de las redes sociales provoca una sensación de aislamiento y soledad.[16] Es irónico, porque se suponía que las redes sociales debían unir a la gente y ayudarla a establecer vínculos. Sin embargo, resulta que las redes sociales no son tan sociales. La socióloga del MIT Sherry Turkle describe el fenómeno como «solos en compañía». Estamos constantemente conectados pero solos. A Turkle le preocupa que estemos destruyendo nuestra capacidad de sentir empatía y mantener conversaciones auténticas, y recomienda que creemos «espacios sagrados» donde guardemos los móviles y mantengamos

---

[16] Katherine Hobson, «Feeling Lonely? Too Much Time on Social Media May Be Why», NPR, 6 de marzo de 2017, https://www.npr.org/sections/health-shots/2017/03/06/518362255/feeling-lonely-too-much-time-on-social-media-may-be-why.

conversaciones cara a cara.[17] El mero hecho de tener un móvil sobre la mesa hace que la gente hable menos con los demás, afirma.[18]

Se ha demostrado que las conversaciones significativas son cruciales para el bienestar emocional y físico. Pero en una encuesta, casi la mitad de las personas afirmaron que hablar en línea les impedía mantener conversaciones profundas en la vida real. Según Emma Walker, de LifeSearch, el corredor de seguros británico que realizó la encuesta, «eso resulta ser un obstáculo para los tradicionales conceptos "profundo" e "importante", lo que significa que no estamos llegando al fondo de las cuestiones que nos importan».[19]

En otra encuesta, el setenta por ciento de las mujeres afirmó que las herramientas tecnológicas robaban tiempo a las conversaciones reales e interferían en sus relaciones.[20] Un estudio de 2021 descubrió que Instagram tenía efectos negativos en las relaciones sentimentales, contribuyendo a «un aumento tanto de los conflictos como de los resultados negativos».[21] Según otra encuesta de 2021, casi el sesenta por ciento de las personas afirma que las redes sociales han perjudicado sus relaciones con familiares y amigos.[22]

Una parte importante de mantener conversaciones significativas es saber escuchar, pero «las redes sociales nos han enseñado

---

[17] Lauren Cassani Davis, «The Flight from Conversation», *Atlantic*, 7 de octubre de 2015, https://www.theatlantic.com/technology/archive/2015/10/reclaiming-conversation-sherry-turke/409273/.

[18] M. Lawton, «Reclaim Conversation from Technology, Suggests Clinical Psychologist», *Chicago Tribune*, 23 de mayo de 2019, https://www.chicagotribune.com/suburbs/lake-forest/ct-lfr-turkle-tl-1015-20151009-story.html.

[19] Bonnie Evie Gifford, «Our Digital Lives Are Overtaking Our Real-Life Interactions», *Happiful*, 19 de diciembre de 2019, https://happiful.com/digital-conversations-overtake-real-life-interactions/.

[20] «Technoference: How Technology Can Hurt Relationships», Institute for Family Studies, s. f., https://ifstudies.org/blog/technoference-how-technology-can-hurt-relationships#:~:text%20=%2062%25%%2020said%20technology%20interferes%20with, the%20middle%20of%20a%20conversation.

[21] Skye Bouffard, Deanna Giglio y Zane Zheng, «Social Media and Romantic Relationship: Excessive Social Media Use Leads to Relationship Conflicts, Negative Outcomes, and Addiction via Mediated Pathways», *Social Science Computer Review*, https://doi.org/10.1177/08944393211013566.

[22] MediLexicon International, «How Does Social Media Affect Relationships?», Medical News Today, s. f., https://www.medicalnewstoday.com/articles/social-media-and-relationships#negative-effects.

a hablar más que a escuchar», afirma Kalev Leetaru, investigador principal del Centro de Seguridad Cibernética y Nacional de la Universidad George Washington.[23] «Las redes sociales no han cumplido la parte más importante de su promesa: unirnos. En lugar de crear un lugar donde todos podamos reunirnos y conversar en la plaza de la ciudad global, hemos acabado con un gran combate de gladiadores con megáfonos donde vence el más ruidoso y tóxico». Las redes sociales sacan al narcisista que llevamos dentro: los investigadores afirman que en una conversación real la gente habla de sí misma el sesenta por ciento del tiempo, pero en Facebook y Twitter el porcentaje sube al ochenta por ciento.[24]

El informático Jaron Lanier, empedernido opositor a las redes sociales, sostiene en su libro *Diez razones para borrar tus redes sociales de inmediato* que no hay una forma segura de utilizar las redes sociales y que la única solución es no utilizarlas en absoluto. Pero la mayoría de nosotros no vamos a dejarlas del todo. Tampoco deberíamos, porque estaríamos renunciando a las cosas buenas que tienen y que son importantes. En las redes sociales la gente hace nuevos amigos, se mantiene en contacto, comparte sus historias y se apoya mutuamente. Algunas investigaciones han descubierto que Instagram perjudica a las adolescentes, pero otros estudios han descubierto que más del ochenta por ciento de los adolescentes dice que las redes sociales les hacen sentirse más conectados con sus amigos, y casi el setenta por ciento afirma que la gente de las redes sociales los ha apoyado cuando estaban pasando por momentos difíciles.[25]

Las redes sociales se convirtieron en un salvavidas durante el confinamiento por la pandemia; fueron un modo de reducir la soledad y la depresión y ayudaron a que la población siguiera en

[23] Kalev H. Leetaru, «Social Media Has Taught Us to Talk Rather Than Listen», *Forbes*, 23 de abril de 2019, https://www.forbes.com/sites/kalevleetaru/2019/04/23/social-media-has-taught-us-to-talk-rather-than-listen/?sh=5783f5d155c0.

[24] Lydia Dishman, «The Science of Why We Talk Too Much (and How to Shut Up)», Fast Company, 11 de junio de 2015, https://www.fastcompany.com/3047285/the-science-of-why-we-talk-too-much-and-how-to-shut-up.

[25] Amanda Lenhart, «Teens, Technology, and Friendships», Pew Research Center: Internet, Science and Tech, 30 de mayo de 2020, https://www.pewresearch.org/internet/2015/08/06/teens-technology-and-friendships/.

contacto cuando no podía verse en persona. Por cada estudio que prueba que las redes sociales perjudican las relaciones en la vida real, hay otros que demuestran que ayudan a mantener el contacto con la familia y los amigos, e incluso pueden mejorar las relaciones y acercar a las personas.[26] Esta mezcla de lo bueno y lo malo hace aún más difícil encontrar el equilibrio adecuado y saber cuándo hay que callarse.

Me arrepiento de algunas cosillas

En junio de 2022 los periodistas del *Washington Post* hicieron el ridículo y dejaron en ridículo a su periódico por una disputa en Twitter. El periodista David Weigel retuiteó un chiste sexista, lo borró y se disculpó. No era suficiente, dijo su colega Felicia Sonmez, que exigió al *Post* que tomara medidas. El periódico suspendió a Weigel. Se desató la tormenta, con turbas de ambos bandos atacándose entre sí y convirtiendo una rueda de la ansiedad en un tornado de la ansiedad. La situación se agravó aún más cuando un tercer periodista del *Post* tuiteó que Sonmez no tendría que haber movilizado Internet contra un colega. El editor ejecutivo del *Post* escribió un correo electrónico a la plantilla (que, por supuesto, se filtró a Twitter) que básicamente decía: «¡Niños, dejad de pelear!». Los empleados del *Post* empezaron a tuitear lo mucho que les gustaba el *Post*. Sonmez siguió criticando el periódico y la despidieron. El *Post* parecía un jardín de infancia descontrolado. El resto del mundo se sentó como Puck en *El sueño de una noche de verano*, asombrándose por la estupidez de los mortales. «¿Hay algún adulto en el *Washington Post*?», se regocijó un experto.[27]

No hubo ganadores… salvo Twitter, que se forra con las batallas campales. He aquí un ejercicio de reflexión. Imaginad que

---

[26] M. E. Morris, «Enhancing Relationships Through Technology: Directions in Parenting, Caregiving, Romantic Partnerships, and Clinical Practice», *Dialogues in Clinical Neuroscience* 22, n.º 2 (2020), pp. 151-160, https://doi.org/10.31887/dcns.2020.22.2/mmorris.

[27] Josh Barro, «Are There Any Adults at the Washington Post?», 7 de junio de 2022, https://www.joshbarro.com/p/are-there-any-adults-at-the-washington.

Twitter no existiera y que estas personas hubiesen tenido que resolver el asunto entre ellas, en privado. ¿No les habría ido mejor, tanto a ellas como a todos nosotros? Como descubrió Sonmez, el problema de Twitter es que siempre estás a doscientos ochenta caracteres de perder el trabajo. Si pasas suficiente tiempo en la tuitósfera, acabas metiéndote en líos. Más de la mitad de los estadounidenses afirma haber publicado en las redes sociales algo de lo que luego se han arrepentido,[28] y el dieciséis por ciento (uno de cada seis) afirma arrepentirse de una publicación al menos una vez a la semana, según una encuesta de YouGov America.[29]

«Me arrepentí en cuanto pulsé "compartir"» es el título de un estudio realizado en 2011 por investigadores de la Universidad Carnegie Mellon; descubrieron historias asombrosas de personas que destrozaron su vida en Facebook, a veces por publicar algo en un arrebato de rabia pero otras también por error, como una mujer que subió un vídeo de los primeros pasos de su bebé, pero que accidentalmente publicó también otro donde mantenía relaciones sexuales con su marido. No se dio cuenta del error hasta el día siguiente, cuando encontró comentarios de sus amigos y familiares, así como de los compañeros de trabajo de su esposo.[30] Según un estudio de la Facultad de Medicina Grossman de la Universidad de Nueva York, más de un tercio de los jóvenes ha publicado en las redes sociales cuando estaban colocados, y el veinte por ciento afirma haber publicado algo de lo que luego se arrepintió.[31]

---

[28] Sarah Snow, «Don't Post That! Why Half of Americans Regret Their Social Media Posts», Social Media Today, 28 de julio de 2015, https://www.socialmediatoday.com/news/dont-post-that-why-half-of-americans-regret-their-social-media-posts/454600/.

[29] Jake Gammon, «Social Media Blunders Cause More Damage to Important Relationships Today Than Two Years Ago», YouGovAmerica, 22 de julio de 2015, https://today.yougov.com/topics/lifestyle/articles-reports/2015/07/22/social-media-blunders-cause-more-damage-important-.

[30] Yang Wang *et al.*, «I Regretted the Minute I Pressed Share: A Qualitative Study of Regrets on Facebook», Carnegie Mellon University, s. f., https://cups.cs.cmu.edu/soups/2011/proceedings/a10Wang.pdf.

[31] «Many Young Americans Regret Online Posts Made While High», MedicineNet, 7 de agosto de 2019, https://www.medicinenet.com/script/main/art.asp?articlekey=223426.

Postear colocado es similar a llamar por teléfono estando borracho, afirman los investigadores; pero en lugar de avergonzarte ante una persona, haces el ridículo ante todo el mundo y, a diferencia de las llamadas telefónicas, lo de Internet es para siempre. Esa foto tuya esnifando una raya de coca o vomitando a la salida de un bar puede aparecer años después cuando te postules para un trabajo.

Peter Sagal, presentador del programa *Wait Wait... Don't Tell Me!* de la National Public Radio, publicó una lista de reglas para Twitter; la primera era: «Te arrepentirás y te has arrepentido de muchos tuits. Nunca te arrepentirás de no tuitear».

Irónicamente, lo escribió en Twitter. Sigue siendo un buen consejo.

Formas de reducir las redes sociales

La mejor manera de mantenerse alejado de las redes sociales es estar ocupado haciendo otra cosa, dice Cal Newport, profesor de Informática en la Universidad de Georgetown y autor de *Minimalismo digital. En defensa de la atención en un mundo ruidoso*. Según Newport, no basta con tomar la decisión y confiar en la fuerza de voluntad. En su lugar, recomienda una «desintoxicación digital» de un mes, durante la cual se renuncia a toda la tecnología digital que no sea imprescindible. Después se puede ir volviendo pero despacio, en pequeños incrementos, a pequeñas dosis, convirtiéndonos así en «minimalistas digitales».

En cuanto a ser productivo, Newport predica con el ejemplo. Ha publicado ocho libros; los tres primeros los escribió mientras completaba su doctorado en el MIT. Newport, de treinta y nueve años, es profesor titular a tiempo completo e imparte cursos de licenciatura y posgrado en Georgetown, al tiempo que investiga y publica artículos académicos.[32] También ha grabado 198 pódcast y en su tiempo libre da charlas en público.

---

[32] «Calvin Newport—Georgetown University», s. f., https://people.cs.georgetown.edu/~cnewport/.

No tiene cuenta en las redes sociales.

Quizá no estemos preparados para una desintoxicación digital de un mes, pero hay otras formas de convertirnos en minimalistas digitales. He aquí algunas formas inteligentes de limitar el uso de las redes sociales.

Hacer un inventario. Probablemente pasamos en las redes sociales mucho más tiempo del que creemos. Nuestro móvil puede hacer un seguimiento del uso y ofrecernos un informe diario o semanal. ¿Cuántas aplicaciones de redes sociales utilizamos? ¿Cuántas horas a la semana dedicamos a cada una? ¿Cuáles utilizamos más? ¿Cuál nos parece más adictiva? ¿Cuál parece menos útil? Este inventario ayudará a elaborar una estrategia. Y ver cuánto tiempo perdemos quizá nos ayude a tomar medidas.

Eliminar aplicaciones del móvil. Oblígate a utilizar las redes sociales solo a través del navegador del ordenador. Así no cogerás el móvil para echar un vistazo a las redes sociales, como tenemos por costumbre.

Desinstalar y volver a instalar. Nimesh Patel, humorista y antiguo guionista de *Saturday Night Live*, limita su uso de Instagram instalando y luego borrando la aplicación cada vez que la utiliza:[33] «La uso por la mañana y la borro. Luego la uso por la noche y vuelvo a borrarla».

Darse un capricho, pero poniendo límites. Arthur C. Brooks, profesor de la Harvard Kennedy School, recomienda dedicar un momento al día para utilizar las redes sociales. Pero solo ese momento y nada más. La clave para un buen uso de las redes sociales es hacerlo «de forma consciente», es decir, concentrarse plenamente en ello: «estar totalmente absorto en el móvil durante esos minutos, como si fuese nuestro trabajo», aconseja Brooks.[34]

Programar un «*sabbat* digital» semanal. Elegid un día a la semana sin redes sociales. Si es posible, no utilicéis el móvil ni otros dispositivos electrónicos en absoluto.

---

[33] «Comedian on Being Kicked Off Stage», YouTube, 19 de diciembre de 2019, https://www.youtube.com/watch?v=3n9CsdcLP4g.

[34] Arthur C. Brooks, «How to Break a Phone Addiction», *Atlantic*, 7 de octubre de 2021, https://www.theatlantic.com/family/archive/2021/10/digital-addiction-smartphone/620318/.

«Perder» el móvil. La ubicación importa. Dejad el móvil en modo silencio en otra habitación. Mantenedlo fuera de vuestro alcance. Lo mismo a la hora de acostarse. No dejéis el móvil en la mesilla de noche. Como mínimo, que esté en el otro extremo de la habitación.

Combatir las aplicaciones con aplicaciones. Si no tenemos fuerza de voluntad para controlar su uso —y la mayoría no la tenemos—, descargad una de las muchas aplicaciones antidistracción que impiden utilizar una aplicación durante un periodo de tiempo determinado. Una de las más populares es Freedom, que funciona en ordenadores y móviles, cuesta cuarenta dólares al año y cuenta con fieles seguidores entre los empleados de Apple, Google y Microsoft, así como entre los investigadores de Harvard, MIT y Stanford. Otra, llamada One Sec, añade un retraso que hace que una aplicación social tarde más en cargarse y luego pregunta si seguimos queriendo abrir la aplicación. El creador afirma que One Sec acabó con su adicción y le hizo más productivo, pero también alivió la ansiedad y la depresión que había ido acumulando. «En última instancia, es una cuestión de salud mental», me dijo.

Comprar un móvil tonto. Se trata de un método de fuerza bruta, pero se puede probar: sustituir nuestro móvil inteligente por otro que no ejecute aplicaciones. Se compra como segundo teléfono, lo llevamos parte del tiempo y así descansamos de las aplicaciones.

Utilizar un reloj inteligente en lugar de un móvil inteligente. Es lo mismo que comprar un teléfono tonto: comprarse un Apple Watch (o similar) y usarlo como teléfono. Hay versiones de aplicaciones sociales que funcionan en relojes inteligentes, pero la experiencia es lo suficientemente horrible como para que no atraigan demasiado.

Desactivar las notificaciones. Esos pequeños pitidos, zumbidos y palabras que aparecen en nuestra pantalla están diseñados para distraernos y arrastrarnos de nuevo a la aplicación. A no ser que el trabajo exija estar constantemente a la espera de un cliente importante, o que por alguna otra razón no podamos desconectarnos de una aplicación, desactivad estas notificaciones.

Pasarse al gris. Cambiad la pantalla del móvil a escala de grises, que elimina todo el color y convierte el teléfono y todas sus aplicaciones en un viejo televisor en blanco y negro. Nuestros cerebros ansían objetos brillantes y colores vivos. Por eso los desarrolladores de aplicaciones los utilizan. Los diseñadores de interfaces prueban miles de colores y combinaciones para saber cuáles son más adictivos. La escala de grises desactiva su trabajo.

Pasarse al modo de solo lectura. Obligaos a dejar de publicar, tuitear, compartir o dar a «me gusta». Esto requiere cierta disciplina, pero os sorprenderá lo poco convincente que se vuelve una aplicación cuando no participamos en ellas.

Probar el método STOP.[35] Antes de pulsar el teclado, preguntaos: «¿Si Tuiteo Obtengo Premio?». Es decir, ¿por qué tuiteamos? ¿Tenemos algún conocimiento especial, único y necesario para el debate que se está produciendo en Twitter? ¿Estamos preguntando, buscamos información y esperamos aprender algo? ¿Qué esperamos conseguir? ¿Qué ganamos con ello? Según mi experiencia, cuando me pregunto «¿Por qué tuiteo?» casi nunca tengo una buena respuesta. Y cuanto más me callo en las redes sociales, más fácil me resulta callarme el resto de mi vida.

---

[35] En inglés, WAIT o «*Why am I tweeting?*» (¿Por qué tuiteo?). (*N. de la T.*).

04

Mansplaining, manterrupting y manálogos

Los hombres somos los reyes de la verborrea. Avasallamos. Acaparamos. Explicamos, interrumpimos y damos «manálogos». En mi casa los llamamos danálogos, y parte de mi aprendizaje para conseguir callarme se ha centrado en abandonarlos.

Los hombres son especialmente odiosos en el trabajo, incluso con las mujeres más destacadas y poderosas del mundo, como las juezas del Tribunal Supremo o la directora general de Tecnología de Estados Unidos. Una vez vi cómo un hombre acosaba a mi mujer durante el turno de preguntas y respuestas después de que ella presentara una ponencia. La interrumpía, no le dejaba hablar y prácticamente le gritaba. Después, cuando le conté lo indignado que estaba, me dijo: «¿No lo sabías? Eso nos pasa a las mujeres todo el tiempo».

La mayoría de los hombres no suelen ser tan abiertamente hostiles como el tipo que acosó a mi mujer. Pero interrumpen a las mujeres constantemente y a menudo ni siquiera se dan cuenta de que lo hacen. Según un estudio, en el trabajo las mujeres sufren *mansplaining* hasta seis veces a la semana, más de trescientas veces al año. Casi dos tercios de las mujeres creen que los hombres ni siquiera se dan cuenta de que lo hacen. Y dos de cada cinco mujeres afirman que los hombres les han dicho que son ellas, las mujeres, quienes no los dejan hablar.[1]

Los hombres hablan más de la cuenta de forma tan constante y regular que se ha normalizado. De hecho, es raro que no ocurra.

---

[1] Allison Sadlier, «This Is How Often Women in the US Experience Mansplaining», *New York Post*, 16 de marzo de 2020, https://nypost.com/2020/03/16/this-is-how-often-women-in-the-us-experience-mansplaining/.

La próxima vez que estéis en un grupo de hombres y mujeres, observadlos. Contad las interrupciones. Observad quién interrumpe y a quién se interrumpe. Fijaos en la frecuencia con la que un hombre se arroga conocimientos que no posee o perora con seguridad sobre algo que acaba de leer en el *New York Times* o en el *Atlantic* como si las ideas fueran suyas. Una vez que lo ves, no puedes dejar de verlo.

Sin embargo, se puede desaprender. Y vale la pena. Si sois hombres y queréis ser mejores compañeros y mejores padres, si queréis ser grandes colegas y avanzar en vuestra carrera, si queréis destacar entre los demás hombres, aplicad las cinco formas de callarse. Si sois mujeres o chicas, la autora Soraya Chemaly recomienda que practiquéis a diario las tres frases siguientes: «Deja de interrumpirme». «Eso lo acabo de decir yo». «No necesito explicaciones».[2]

El mito de las mujeres habladoras

Lo extraño es que, aunque los hombres son, con mucho, más propensos a hablar en exceso, las mujeres han sido históricamente consideradas charlatanas y cotillas, arraigando el estereotipo de que hablan más que los hombres. En 2006 la neuropsicóloga Louann Brizendine pareció confirmar el estereotipo al afirmar, en su éxito de ventas *El cerebro femenino*, que las mujeres pronuncian veinte mil palabras al día y los hombres solo siete mil. Al parecer, sacó estas cifras de *Por qué los hombres no escuchan y las mujeres no entienden los mapas*, un libro de autoayuda escrito por Allan Pease, autor de *best sellers* y experto en lenguaje corporal.[3] Pero (a) Pease contaba «actos de comunicación» como expresiones faciales y gestos, no palabras habladas; y (b) no está claro de dónde sacó sus cifras. A algunos expertos les pareció ridícula la afirmación de Brizendine —¿tres veces más?—, pero a los medios

---

[2] Soraya Chemaly, «10 Simple Words Every Girl Should Learn», Role Reboot, 6 de mayo de 2014, http://www.rolereboot.org/culture-and-politics/details/2014-05-10-simple-words-every-girl-learn/.

[3] Tracy Clark-Flory, «Fact-Checking "the Female Brain"», Salon, 25 de septiembre de 2011, https://www.salon.com/2006/09/26/gender_difference_2/.

de comunicación les encantó. El viejo estereotipo era cierto. ¡Lo dice la ciencia!

Cuando un entrevistador preguntó a Brizendine si no estaba repitiendo un tópico anticuado, ella respondió: «Un estereotipo siempre tiene algo de verdad, o no sería un estereotipo. Me refiero a la base biológica de conductas que todos conocemos».[4]

Pero sus cifras eran erróneas. Cuando los investigadores de la Universidad de Texas llevaron a cabo un experimento para comprobar la afirmación de Brizendine, descubrieron que tanto las mujeres como los hombres hablaban una media de dieciséis mil palabras al día, y que los tres sujetos más habladores del estudio eran hombres. Brizendine cometió un error honesto y cabe decir en su defensa que lo reconoció y eliminó esas cifras de ediciones posteriores del libro.[5] Pero esos números se han utilizado en cientos de artículos y todo lo que se publica en Internet es eterno. No cabe duda de que hay gente que sigue creyendo y citando esos datos.

El error de Brizendine planteó una pregunta interesante. ¿Por qué esas cifras tuvieron tal resonancia? ¿Por qué despertaron tales emociones y evocaron una reacción tan fuerte tanto en hombres como en mujeres? Es un ejemplo de la teoría de la gran mentira: di algo las veces suficientes durante el tiempo suficiente y la gente se lo creerá.

El estereotipo se observa en todas las culturas. «La lengua de las mujeres es como la cola de un cordero: nunca está quieta», dice un viejo refrán inglés. En Japón dicen: «Donde hay mujeres y gansos, hay ruido». Y en China: «La lengua es la espada de la mujer, y nunca deja que se oxide». En las obras de Shakespeare abundan las representaciones de mujeres como respondonas y chismosas. La expresión «cuentos de viejas» es claramente despectiva. La palabra *gossip* («chisme» o «cotilleo») procede del inglés antiguo *godsibb*, que originalmente significaba «padrino», pero que en el siglo XVI había evolucionado hasta significar «habladurías y rumores calumniosos difundidos por mujeres». Si nos remontamos aún más en el tiempo,

[4] Deborah Solomon, «He Thought, She Thought: Questions for Dr. Louann Brizendine», *New York Times*, 10 de diciembre de 2006, https://www.nytimes.com/2006/12/10/magazine/10wwln_q4.html.

[5] Stephen Moss, «Do Women Really Talk More?», *Guardian*, 27 de noviembre de 2006, https://www.theguardian.com/lifeandstyle/2006/nov/27/familyandrelationships.

encontraremos que san Pablo describe a las viudas como «holgazanas que andan de casa en casa, y no solo holgazanas, sino también chismosas y entrometidas, que dicen lo que no deben».

En la Edad Media las mujeres eran condenadas por «pecados de la lengua» y se las castigaba haciéndolas desfilar por la plaza del pueblo, sumergiéndolas en un río u obligándolas a llevar una brida que les impedía hablar: una estructura de hierro que se colocaba en la cabeza con una pieza que empujaba la lengua hacia abajo. En el Reino Unido, esta brida de castigo y humillación siguió utilizándose hasta principios del siglo xx.

Algunos hombres siguen aferrándose a la creencia de que las mujeres hablan más que ellos. En 2021 Yoshiro Mori, el octogenario jefe del comité organizador de los Juegos Olímpicos de Tokio y ex primer ministro, respondió a la sugerencia de que el comité incluyera a más mujeres diciendo que las reuniones se alargarían demasiado porque las mujeres hablan mucho. En 2017 David Bonderman, un inversor de capital privado de setenta y cinco años y miembro del consejo de administración de Uber, declaró que añadir más mujeres al consejo significaría que «probablemente se hablaría más».

La verdad, por supuesto, es exactamente lo contrario: en la mayoría de las situaciones, especialmente las profesionales, los hombres hablan mucho más.

Manterrupting

En 2014 Kieran Snyder, ejecutiva de una empresa tecnológica, llevó a cabo un experimento. Durante quince horas de reuniones, registró cada interrupción. Snyder, que tiene un doctorado en Lingüística, contó trescientas catorce interrupciones y dos tercios de ellas fueron de hombres, lo que significa que los hombres interrumpieron dos veces más que las mujeres. Y, más interesante si cabe, cuando los hombres interrumpían, el setenta por ciento de las veces era a una mujer. El desequilibrio resultaba aún más flagrante porque las mujeres representaban solo el cuarenta por ciento del grupo. Además, cuando las mujeres interrumpían, era mucho más probable (ochenta y nueve por ciento de las veces) que interrumpieran a otras mujeres que a hombres. Conclusión de Snyder: «Siempre que las mujeres toman la palabra, se las interrumpe», escribió en *Slate*. A ninguna de las mujeres que conocía le sorprendió. «Las mujeres del mundo de la tecnología han respondido mayoritariamente: "Vaya novedad"», escribió.[6]

La solución que sugiere Snyder no es que los hombres se callen, sino que las mujeres sean más agresivas a la hora de interrumpir y, sobre todo, que aprendan a interrumpir a los hombres. «Cómo progresar como mujer en el campo de la tecnología: interrumpe a los hombres», se titulaba su artículo. «Los resultados sugieren que las mujeres no avanzan en sus carreras más allá de cierto punto si no aprenden a interrumpir, al menos en este entorno tecnológico dominado por los hombres», concluyó.

Según un estudio realizado en 2020 por la socióloga de Dartmouth Janice McCabe, los estudiantes universitarios varones hablan 1,6 veces más que las mujeres. Son más propensos a intervenir sin levantar la mano, a interrumpir y a hablar durante más tiempo.[7] El desequilibrio entre hombres y mujeres es aún más pronunciado entre profesores y estudiantes de posgrado en coloquios académicos, donde los hombres hablan el doble que las mujeres, según un estudio de 2017 realizado por investigadores de la Universidad Rice.[8] En la escuela primaria, los niños hablan tres veces más que las niñas, pero los profesores perciben a las niñas como más habladoras.[9] Cuando se les preguntó cómo percibían el equilibrio en el uso de la palabra en una conversación, los hombres consideraban que las cosas estaban igualadas cuando las mujeres hablaban solo el quince

---

[6] Kieran Snyder, «How to Get Ahead as a Woman in Tech: Interrupt Men», *Slate*, 23 de julio de 2014, https://slate.com/human-interest/2014/07/study-men-interrupt-women-more-in-tech-workplaces-but-high-ranking-women-learn-to-interrupt.html.

[7] Elizabeth Redden, «Study: Men Speak 1.6 Times More Than Women in College Classrooms», *Inside Higher Ed*, https://www.insidehighered.com/quicktakes/2021/01/19/study-men-speak-16-times-more-women-college-classrooms.

[8] Colleen Flaherty, «The Missing Women», Inside Higher Ed's News, *Inside Higher Ed*, https://www.insidehighered.com/news/2017/12/19/study-finds-men-speak-twice-often-do-women-colloquiums.

[9] Marina Bassi *et al.*, «Failing to Notice? Uneven Teachers' Attention to Boys and Girls in the Classroom», *IZA Journal of Labor Economics* 7, n.º 9 (2018), https://izajole.springeropen.com/articles/10.1186/s40172-018-0069-4.

por ciento del tiempo, y cuando las mujeres hablaban el treinta por ciento, los hombres consideraban que ellas dominaban la conversación, según la académica feminista australiana Dale Spender.[10] Un profesor de Ciencias que estableció un equilibrio casi equitativo entre las intervenciones de chicos y chicas percibió que las chicas hablaban el noventa por ciento del tiempo. Esta es la famosa cita de Spender: «La locuacidad de las mujeres no se ha medido en comparación con los hombres, sino con el silencio. No se ha juzgado a las mujeres en función de si hablan más que los hombres, sino de si hablan más que las mujeres calladas».[11]

Un estudio de Stanford comparó conversaciones de dos participantes entre dos hombres, dos mujeres y entre un hombre y una mujer. En las conversaciones entre personas del mismo sexo se produjeron siete interrupciones. En las conversaciones entre hombres y mujeres, hubo cuarenta y ocho interrupciones, cuarenta y seis de ellas por parte del hombre.[12] Investigadores de la Universidad George Washington descubrieron que los hombres interrumpían a las mujeres un treinta y tres por ciento más que a los hombres.[13] Profesores de la North Western Pritzker School of Law estudiaron las transcripciones del Tribunal Supremo de EE.UU. y descubrieron que las juezas tenían tres veces más probabilidades de ser interrumpidas que sus homólogos masculinos, y muchas menos de interrumpir a otros.[14] Solo el cuatro por ciento de las interrupciones eran de mujeres, mientras que el sesenta y seis por ciento iban dirigidas a ellas.

---

[10] Bernice Ng, «Are Male-Dominated Workspaces Harmful to Women?», *Marie France Asia*, 20 de mayo de 2016, https://www.mariefranceasia.com/career-advice/tips-for-success/male-dominated-workspaces-harmful-women-123584.html.

[11] «Language Myth # 6», Language as Prejudice, Do You Speak American?, PBS, https://www.pbs.org/speak/speech/prejudice/women/.

[12] Don Zimmerman y Candace West, «Sex Roles, Interruptions, and Silence in Conversation», Universidad de Stanford, https://www.web.stanford.edu/~eckert/PDF/zimmermanwest1975.pdf.

[13] Adrienne B. Hancock y Benjamin A. Rubin, «Influence of Communication Partner's Gender on Language», *Journal of Language and Social Psychology* 34, n.º 1 (2014), pp. 46-64, https://doi.org/10.1177/0261927x14533197.

[14] J. Carlisle Larsen, «Study Shows Female Supreme Court Justices Get Interrupted More Often Than Male Colleagues», Wisconsin Public Radio, 19 de abril de 2019, https://www.wpr.org/study-shows-female-supreme-court-justices-get-interrupted-more-often-male-colleagues.

En el primer Gobierno de Obama, el número de mujeres en el personal era dos veces inferior al de hombres y sus ideas y sugerencias no solían tenerse en cuenta en las reuniones, pero unas semanas después sus colegas masculinos presentaban las mismas ideas y las reivindicaban como propias. Las mujeres se defendieron ideando una estrategia que llamaron «amplificación». Cuando una mujer exponía una idea, otras la repetían y le atribuían el mérito. De este modo, a los hombres les resultaba más difícil robar ideas y atribuírselas. Con el tiempo, el presidente se dio cuenta de lo que estaban haciendo y empezó a recurrir más a menudo a las mujeres durante las reuniones.[15]

Por qué los hombres recurrimos al *mansplaining*

Según Deborah Tannen, profesora de Lingüística de la Universidad de Georgetown, uno de los problemas es que los hombres están socializados para comportarse así y puede que ni siquiera sean conscientes de lo que hacen. A los hombres se les enseña a imponerse y a buscar el poder y la dominación a través del habla. Hablan para alcanzar un estatus y las mujeres hablan para lograr una conexión; lo que también suena a estereotipo, al menos en lo que se refiere a las mujeres, pero la afirmación sobre los hombres es cierta, según los investigadores. El *mansplaining* tiene el mismo propósito que el *manspreading* (o despatarre masculino en lugares públicos): afirmar el dominio ocupando más espacio.

Es algo que empieza en la infancia, cuando los niños se centran en el estatus, establecen rápidamente órdenes jerárquicas en los grupos y luchan por conseguir una posición «superior», mientras que las niñas intentan establecer relaciones, dice Tannen. De adultos, los hombres utilizan el lenguaje para demostrar sus habilidades o conocimientos. En el trabajo, los hombres utilizan «yo» en

[15] Juliet Eilperin, «White House Women Want to Be in the Room Where It Happens», *Washington Post*, 28 de octubre de 2021, https://www.washingtonpost.com/news/powerpost/wp/2016/09/13/white-house-women-are-now-in-the-room-where-it-happens/.

situaciones en las que las mujeres utilizan «nosotros». «Las mujeres tienen menos probabilidades que los hombres de aprender a echarse flores», escribió Tannen en *Harvard Business Review*.[16]

En un experimento, se pidió a estudiantes universitarios que predijeran qué notas obtendrían a final de curso. Cuando las mujeres escribían sus respuestas y las guardaban en un sobre, predecían notas más altas que cuando se les pedía que lo declarasen en público ante los investigadores. Los hombres predijeron las mismas notas en ambas situaciones: no tuvieron reparos en parecer demasiado seguros de sí mismos.[17]

El estereotipo de que los hombres no quieren pararse a preguntar por una dirección es cierto: consideran que hacer preguntas es rebajar su estatus. Lo mismo ocurre en el lugar de trabajo, donde los hombres temen preguntar por miedo a parecer ignorantes, afirma Tannen. John Gray, autor de *Los hombres son de Marte, las mujeres son de Venus*, analizó entrevistas con cien mil ejecutivos para descubrir que el ochenta por ciento de las mujeres afirma que preguntan aunque sepan la respuesta y que el setenta y dos por ciento de los hombres dice que las mujeres hacen demasiadas preguntas. ¡Vaya por Dios![18]

Cuando los hombres oyen una queja, creen que se les plantea un reto y que se espera que ofrezcan consejos o ideen una solución. Así que acaban tirando de *mansplaining*. Los hombres también son más propensos a interrumpir o a desafiar a los demás en la conversación, dice Rob Kendall, autor y asesor que estudia los estilos de conversación.[19]

---

[16] Deborah Tannen, «The Power of Talk: Who Gets Heard and Why», *Harvard Business Review*, 15 de octubre de 2019, https://hbr.org/1995/09/the-power-of-talk-who-gets-heard-and-why.

[17] Laurie Heatherington *et al.*, «Two Investigations of Female Modesty in Achievement Situations», *Sex Roles* 29, n.os 11-12 (1993), pp. 739-754, https://doi.org/10.1007/bf00289215.

[18] Susan Adams, «8 Blind Spots Between the Sexes at Work», *Forbes*, 26 de abril de 2013, https://www.forbes.com/sites/susanadams/2013/04/26/8-blind-spots-between-the-sexes-at-work/?sh=3cfec433314d.

[19] Rob Kendall, «5 Ways Men and Women Talk Differently», *Psychology Today*, 15 de diciembre de 2016, https://www.psychologytoday.com/us/blog/blamestorming/201612/5-ways-men-and-women-talk-differently.

Eric Schmidt, exdirector de Google, participó en una mesa redonda en una conferencia e interrumpió constantemente a la única mujer: Megan Smith, directora de Tecnología de Estados Unidos y ex alta ejecutiva de Google. Schmidt parecía no percatarse de lo que hacía hasta que, durante el periodo de preguntas y respuestas, la mujer que dirigía el Programa Global de Diversidad y Talento de Google lo señaló como un ejemplo de sesgo inconsciente hacia las mujeres.[20]

El *manterrupting* es un prejuicio de género que se manifiesta en el habla. Lo practican hombres que se creen más importantes que las mujeres y merecedores de un estatus superior. Son egohabladores que consideran que sus opiniones son mejores y, por tanto, merecen más tiempo. «No es que no seas inteligente, Megan Smith. Es que yo soy mucho más inteligente que tú».

El *mansplaining* tiene poco que ver con quiénes somos como individuos y mucho que ver con nuestro género. Los hombres y mujeres trans tienen una oportunidad única de comprobarlo, dice Jessica Nordell, autora y asesora que estudia los prejuicios de género en el lugar de trabajo. Nordell ha descubierto que los hombres trans sufren menos interrupciones tras su transición, y que las mujeres trans experimentan todo lo contrario.[21]

Ben Barres, neurobiólogo de la Universidad de Stanford que vivió como «Barbara Barres» hasta su transición en 1997, describió el trato notablemente distinto que recibía como Ben: le interrumpían con menor frecuencia y elogiaban más efusivamente su trabajo. «La gente que no sabe que soy transexual me trata con mucho más respeto: incluso puedo terminar una frase sin que me interrumpa un hombre», escribió Barres, fallecido en 2017. En una ocasión, durante una ponencia en un seminario, alguien del público que no sabía que Ben Barres y Barbara Barres eran la misma persona comentó: «Ben Barres ha dado un gran seminario hoy, pero es que su trabajo es mucho mejor que el de su hermana».

---

[20] Charlotte Alter, «Google's Eric Schmidt Called Out for Interrupting the Only Woman on the Panel», *Time*, 17 de marzo de 2015, https://time.com/3748208/google-exec-eric-schmidt-called-out-for-interrupting-only-woman-on-panel/.

[21] Jessica Nordell, «Why Aren't Women Advancing at Work? Ask a Transgender Person», *New Republic*, 27 de agosto de 2014, https://newrepublic.com/article/119239/transgender-people-can-explain-why-women-dont-advance-work.

Otra científica de Stanford, una mujer trans llamada Joan Roughgarden, ha tenido la experiencia contraria: dice que la tomaban menos en serio y la trataban con menos respeto después de la transición. Roughgarden, bióloga evolutiva, ha descrito interrupciones, gritos e incluso intimidaciones físicas por parte de científicos varones que no estaban de acuerdo con sus ideas. Su salario bajó. Comparando su situación con la de Ben Barres, Roughgarden dijo: «Ben ha emigrado al centro, mientras que yo he tenido que emigrar a la periferia».[22]

No todo está perdido

Los hombres necesitan cambiar y, según un experto, es lo que queremos la mayoría de nosotros si alguien nos enseña cómo lograrlo. Hay que empezar por reconocer que los hombres somos propensos a interrumpir y a hablar por encima de los demás, especialmente de las mujeres. Puede que ni siquiera sepamos que actuamos así. Y nos salimos con la nuestra «porque la sociedad ha aceptado que es normal y natural que los hombres tiendan a hablar más», según Joanna Wolfe, profesora de la Universidad Carnegie Mellon que utiliza a estudiantes de ingeniería como sujetos de experimentación para investigar la forma en la que hombres y mujeres se comunican entre sí.[23]

Wolfe me habló de lo que ella denomina «enfoque futuro positivo», una estrategia que permite a las mujeres reafirmarse sin sufrir una penalización social. En lugar de expresar enfado o sentimientos negativos, hay que centrarse en los resultados positivos, diciendo cosas como: «Podemos hacer que esta reunión sea mucho más eficiente si damos a todos la oportunidad de hablar sin que se nos interrumpa». En el caso de airear un agravio, Wolfe descubrió que lo más eficaz es centrarse en el futuro más que en el pasado, y en los hechos más que en las emociones.

---

[22] Shankar Vedantam, «How the Sex Bias Prevails», Age, 14 de mayo de 2010, https://www.theage.com.au/national/how-the-sex-bias-prevails-20100514-v4mv.html#ixzz3BXBN2SNG.

[23] Jason Maderer, «Women Interrupted: A New Strategy for Male-Dominated Discussions», News, Carnegie Mellon University, 10 de octubre de 2021, https://www.cmu.edu/news/stories/archives/2020/october/women-interrupted-debate.html.

Un aspecto positivo, según Wolfe, es que una vez son conscientes de lo mucho que interrumpen y hablan cuando una mujer está hablando, algunos hombres mejoran sus habilidades comunicativas. En un experimento, Wolfe y sus colegas grabaron en vídeo las reuniones de pequeños grupos de estudiantes de ingeniería y luego mostraron las grabaciones a cada persona. En un grupo había dos hombres y una mujer, y cuando uno de los hombres vio la grabación, le sorprendió comprobar que él y el otro hombre hablaban cuando su compañera estaba hablando, la interrumpían y la ignoraban. «Dijo: "Dios, no me lo puedo creer. Es increíble lo groseros que hemos sido"», me contó Wolfe. «Estaba conmocionado. Vio la exclusión a la que habían sometido a la mujer. Vio algunas expresiones faciales de ella que no había visto antes». Prometió remediarlo.

Cómo interrumpir
la costumbre de interrumpir

El objetivo de callarse es encontrar formas de comunicarse más eficazmente con los demás. Eso significa aprender a dejar de interrumpir a la gente, pero también aprender a interrumpir a alguien educadamente si es necesario interrumpir: por ejemplo, cuando necesitamos acallar a una persona que habla más de la cuenta. Para aprender a dejar de interrumpir, algunas de mis cinco maneras de callarse funcionan muy bien. «Cuando sea posible, no hablar» y «Convertirse en un oyente activo» son opciones obvias. He aquí otras dos formas de acabar con el hábito de interrumpir:

Grabar y transcribir. Zoom nos lo pone fácil. En una reunión entre dos personas o en grupo, pedid permiso para grabarla y luego escuchad la grabación o enviad el audio a un servicio como Rev para que lo transcriba. Para mí, lo más impactante es ver las palabras en una página. Se puede medir cuánto habla cada persona simplemente mirando el tamaño de sus párrafos. Al igual que los estudiantes varones que participaron en los estudios de Joanna Wolfe en Carnegie Mellon, puede que os sorprenda la cantidad de interrupciones que hacéis.

Tomar notas. Una razón habitual para interrumpir es que acabamos de tener una gran idea sobre algo que ha dicho la otra persona y nos preocupa que, si sigue hablando, no consigamos decirla. O que la otra persona pase a otros temas y la conversación se desvíe. Consejo práctico: en lugar de interrumpir, tened a mano un bolígrafo y apuntad la idea para poder retomarla más tarde. Otro truco: a veces, cuando la otra persona nos ve tomando notas, se detiene para preguntar si tenemos algo que decir.

Andar por la cuerda floja: defenderse de los que interrumpen

Contraatacar puede ser complicado, sobre todo para las mujeres. Los estudios demuestran que cuando los hombres le llaman la atención a alguien por interrumpir, se los ve de forma positiva; sin embargo, cuando lo hacen las mujeres se ve de forma negativa. Como escribió Sheryl Sandberg, exdirectora de operaciones de Facebook: «Cuando una mujer habla en un entorno profesional, está en la cuerda floja. O apenas se la escucha o se la juzga como demasiado agresiva».[24]

Hay formas de mostrar asertividad sin caerse de la cuerda floja. Los estudios han demostrado que a las personas que hablan más directamente, utilizan frases más cortas y miran a los ojos de los posibles interlocutores se las interrumpe con menos frecuencia. La elección de palabras también importa. Decir «sé» en lugar de «creo» o «pienso». Hablar en futuro y no en condicional. Y empezar con fuerza. Los investigadores de la Northwestern que estudiaron las interrupciones en el Tribunal Supremo descubrieron que la mayoría se producían al principio de los comentarios de una jueza y, a menudo, cuando una jueza empezaba con una frase educada como «¿Puedo preguntar...?». Con el tiempo, las juezas aprendieron a ser menos educadas.[25] Podéis hacer lo mismo.

---

[24] Sheryl Sandberg y Adam Grant, «Speaking While Female», *New York Times*, 12 de enero de 2015, https://www.nytimes.com/2015/01/11/opinion/sunday/speaking-while-female.html.

[25] Larsen, «Study Shows Female Supreme Court Justices Get Interrupted More Often Than Male Colleagues».

He aquí otras cinco tácticas:

Parar, esperar, continuar. El fundador de Virgin Group, Richard Branson, cuenta un truco que aprendió de George Whitesides, antiguo consejero delegado de Virgin Galactic. Si alguien interrumpía a Whitesides, este se detenía a media frase, dejaba que la otra persona terminara y seguía donde lo había dejado. La técnica era una reprimenda silenciosa, una forma eficaz de enseñar a la gente a dejar de interrumpir. «Algo hermoso de ver», escribe Branson en *The Virgin Way: Everything I Know About Leadership*.

Anticipar y regular. Si dirigimos la reunión, establezcamos las normas básicas antes de que empiece. O también podemos fijarlas antes de hablar: «Esto es importante, así que déjenme decirlo todo antes de interrumpirme». Si ese tipo —el hablador en serie— está en la reunión, miradle directamente mientras lo decís.

Llamar la atención a la otra persona. «Señor vicepresidente, estoy hablando», dijo Kamala Harris cuando Mike Pence la interrumpió durante un debate. Señaló lo que estaba haciendo con actitud tranquila pero firme. Como una líder. Se puede emplear una forma más educada: «Tengo algunos puntos más que comentar. ¿Puede esperar hasta que acabe?». O: «Quiero oír sus comentarios, si usted espera a que termine».

Seguir hablando. Esto es difícil, pero algunas personas lo consiguen. No hay que hablar más rápido ni más alto. Simplemente seguir hablando. Esto funciona mejor cuando te enfrentas a «ese tipo», porque los demás se pondrán de nuestra parte y puede que nos consideren héroes por hacer lo que a ellos les gustaría tener el valor de hacer.

Hablar en privado con la persona que nos interrumpe. Puede tratarse de alguien que nos interrumpe específicamente a nosotros o una persona que tiene la costumbre de interrumpir a todo el mundo. Avergonzarle llamándole la atención en una reunión quizá sea contraproducente, pero una charla en privado puede ser eficaz. Es posible que el que interrumpe ni siquiera sepa que lo hace y que agradezca que se lo señalemos. Enfocadlo como un intento de ayudarle.

Cómo interrumpir con educación

A veces es necesario interrumpir, y hay formas de hacerlo que no son groseras. Lo principal es dejar claro que no estamos secuestrando la conversación y que queremos que la otra persona siga hablando después de nuestro comentario.

Pedir permiso. Se puede conseguir con una expresión facial o un pequeño gesto que indique que queremos comentar algo. O se puede decir: «Disculpa, ¿puedo interrumpir un segundo?». O bien: «Perdone, pero lo que acaba de decir es importante. ¿Puedo hacerle una pregunta antes de que continúe?».

Empezar con una disculpa. Toda interrupción debe comenzar con: «Disculpe» o: «Perdone», seguido de: «Quiero escuchar el resto de lo que tiene que decir. Es solo que no he entendido algo que ha dicho».

Hombres, va por nosotros

Enseñar a las mujeres a defenderse de los que interrumpen es estupendo, pero en un mundo perfecto no sería necesario. El problema está en los hombres y, al igual que Joanna Wolfe, de Carnegie Mellon, creo que muchos de nosotros queremos hacer mejor las cosas. Empezad por estar más atentos cuando habléis con mujeres. Reconoced que probablemente tengáis tendencia a *manterrumpir* y también que, en cuanto lo hagáis, las mujeres con las que habláis rebajarán la opinión que tienen de vosotros y darán menos valor a vuestras palabras.

Sed conscientes de la dinámica y compensadla. No os limitéis a dejar que las mujeres terminen lo que quieren decir y esperad un poco antes de empezar a hablar. Y nada de *mansplaining*. Imaginad que la conversación es una pelota de baloncesto, no la acaparéis. Cuatro frases como máximo y luego pasadla.

Consciente o inconscientemente, las mujeres esperan que los hombres caigan en el *manterrupting*, el *mansplaining* y los manálogos. Los hombres que no lo hacen destacan y son vistos de forma más positiva. También son más persuasivos. Sed uno de esos hombres.

05

Callarse como medicina

Treinta minutos de ejercicio moderado al día nos mantendrán sanos y nos ayudarán a vivir más. Lo mismo que dar diez mil pasos diarios y dormir ocho horas. Pero cambiar nuestra forma de hablar puede ser igual de importante. Hablar con intención, escuchar más, pasar tiempo en silencio y, como explicaré en este capítulo, incluso cambiar las palabras que utilizamos puede reducir la ansiedad, la depresión y las probabilidades de desarrollar enfermedades inflamatorias. Básicamente, callarse puede ser una medicina.

«Nuestro comportamiento más frecuente es el habla. Hablar con otras personas. Pero hasta hace relativamente poco no lo estudiábamos», dice Matthias Mehl, psicólogo social de la Universidad de Arizona que lleva veinte años buscando vínculos entre el habla y el bienestar. «Sin embargo, la idea de que el procesamiento psicológico pueda tener secuencias positivas y negativas en el cuerpo físico es profundamente fascinante».

Mehl llamó la atención por primera vez cuando desacreditó las cifras en *El cerebro femenino* que sugerían que las mujeres hablan el triple que los hombres. Para ello, hizo que cuatrocientos estudiantes universitarios llevaran durante unos días un dispositivo llamado grabadora activada electrónicamente (EAR, «oreja» por sus siglas en inglés), que se enciende a intervalos aleatorios y graba lo que oye. Cuando Mehl calculó la media de las cifras, descubrió que tanto los hombres como las mujeres hablaban unas seis mil palabras al día. Y los tres sujetos más habladores eran hombres.

A partir de ahí, Mehl empezó a utilizar la EAR para estudiar no solo cuántas palabras hablaba la gente, sino también qué palabras utilizaba. ¿Cuánto tiempo dedican a conversaciones significativas y sustanciosas y cuánto a conversaciones triviales y cháchara? ¿Y qué dice eso de ellos, si es que dice algo?

En un informe titulado «Eavesdropping on Happiness» Mehl y su equipo descubrieron que las personas que dedicaban más tiempo a mantener buenas conversaciones y menos a charlas triviales eran más felices que el resto. Para ello, pidieron a los sujetos que rellenaran informes en los que evaluaban su grado de satisfacción con la vida, recabaron información de personas que conocían a los sujetos, calcularon la «puntuación de felicidad» de cada persona y la compararon con los datos de sus conversaciones. La persona más feliz del estudio dedicaba solo el diez por ciento de su conversación a charlas triviales. La persona más infeliz dedicaba casi el treinta por ciento.

Mehl llegó a la conclusión de que las buenas conversaciones tienen un efecto tan profundo en el bienestar emocional que podrían «ser un elemento esencial para disfrutar de una vida satisfactoria». Cree que podemos ser más felices si prestamos atención a nuestra forma de hablar y nos esforzamos por mantener mejores conversaciones.

Pero ¿cómo se define una «buena» conversación? ¿Cómo se hace? Básicamente, callándose. Las buenas conversaciones no consisten necesariamente en hablar más. De hecho, suelen implicar hablar menos. «Nuestros datos indican que el mundo sería un lugar mejor si en las conversaciones la gente escuchara más y hablase menos —dice Mehl—. La mejor forma de suscitar conversaciones significativas es haciendo preguntas».

No hay que renunciar a las charlas triviales, dice Mehl. Solo hay que intentar, al menos una vez al día, mantener una conversación que vaya más allá del buen tiempo y de lo rápido que pasa el verano. No hace falta hablar de cosas tan elevadas como el sentido de la vida o la existencia del más allá. Se puede mantener una buena conversación sobre los estudios con nuestro hijo adolescente o planear unas vacaciones con nuestra pareja. Las charlas cotidianas pueden convertirse en conversaciones más profundas sobre sueños y aspiraciones.

Convertir una conversación ordinaria en una «buena» conversación es un arte. Mehl me contó que salió a dar un paseo y se encontró con su vecino, recién operado de cáncer. «Le pregunté

"¿cómo estás?" no en el sentido de "hola, ¿qué tal?", sino en el de "en serio, ¿cómo te va?" y acabamos teniendo una buena conversación. Eso es lo bonito. El punto de partida de una buena conversación puede no estar tan lejos de la charla trivial. Es preguntar "¿cómo estás?" de una forma un poco más genuina y sincera. Y, a partir de ahí, se desarrolla la conversación».

También se trata de ser auténtico. «La idea es: en esta conversación, ¿puedo colar algo auténtico? —dice Mehl—. Es interesante, porque ¿qué entendemos por "auténtico"? Queremos decir que no nos disfrazamos. Que dejamos que una parte de nosotros se vea o se escuche. Significa que expresamos cosas coherentes con nuestros valores. Nos alejamos del tiempo y de la Super Bowl, y llegamos a las cosas que importan, las cosas que son nuestros valores fundamentales».

Tómese dos conversaciones y me dice cómo se encuentra

Si mantener buenas conversaciones puede aumentar el bienestar psicológico, ¿podría mejorar también la salud física? Parece una locura, pero Mehl sospechaba que podía haber algo de verdad.

La idea de que el habla y la salud están relacionadas —que se puede «hablar para sentirse mejor»— viene circulando desde hace mucho tiempo. Hace cincuenta años se produjo un auge de la medicina psicosomática, la idea de que las personas podían utilizar el comportamiento emocional y social para curar o aliviar dolencias físicas; el ejemplo clásico es creer que el pensamiento positivo puede mejorar las probabilidades de sobrevivir al cáncer. Muchos médicos afirman que se trata de pura charlatanería, aunque al menos un estudio con pacientes de cáncer descubrió que el pensamiento positivo contribuía a reforzar el sistema inmunitario de los pacientes y les ayudaba a desarrollar más células que combatían la enfermedad.[1]

---

[1] Louise Tickle, «Positive Thinking Can Kill Cancer Cells, Say Psychologists», *Guardian*, 16 de abril de 2000, https://www.theguardian.com/uk/2000/apr/16/theobserver.uknews2.

En los años setenta, el psicólogo James J. Lynch descubrió que cuando se habla sube la tensión arterial y cuando se escucha, baja. Hacía demostraciones en las que llamaba a voluntarios al escenario, los conectaba a un tensiómetro y les decía que empezaran a hablar. Inmediatamente, y para deleite del público, les subía la tensión.

Las personas con hipertensión eran especialmente sensibles: cuando empezaban a hablar, su tensión arterial se disparaba. Los que hablaban más de la cuenta también reaccionaban de forma exagerada.

Lynch propuso tratar a los hipertensos enseñándoles a hablar de forma más relajada, es decir, utilizando el habla como medicina. «¿Cómo podemos disfrutar de la conversación y a la vez mantener baja la tensión arterial? Escuchando más, respirando con regularidad mientras hablamos, alternando hablar con prestar atención a lo que dice la otra persona». De nuevo, callarse como medicina. Y que los que hablan más de la cuenta tomen nota: su riesgo de sufrir daños físicos es más elevado.

El problema de las investigaciones de los años setenta es que la tecnología disponible era prehistórica en comparación con la actual. Personas como Lynch buscaban correlaciones y hacían conjeturas basadas en la intuición. Mehl, sin embargo, tuvo la ventaja de utilizar la genómica para cuantificar los resultados cuando se propuso encontrar vínculos. Al igual que en el estudio «Eavesdropping», equipó a las personas con dispositivos EAR y grabó y transcribió lo que decían, pero en lugar de relacionar la calidad de su conversación con puntuaciones de felicidad, las relacionó con información genética. Lo hizo con Steve Cole, psicólogo de la UCLA que estudia la influencia de los entornos sociales en la expresión genética. Descubrieron que las personas que pasaban más tiempo manteniendo buenas conversaciones mostraban una «respuesta inflamatoria baja», lo que significa que tenían sistemas inmunitarios más sanos y menos probabilidades de sufrir enfermedades inflamatorias como hipertensión y cardiopatías.

Era un descubrimiento importante. Y Mehl cree que tiene unas implicaciones enormes. Por un lado, implica que los médicos pueden utilizar nuestra forma de hablar como herramienta diagnóstica. Las palabras que utilizamos darían pistas sobre problemas en nuestro sistema inmunitario. En efecto, los médicos podrían utilizar el lenguaje para echar un vistazo a nuestro cerebro y nuestro cuerpo y ver qué sucede. «Nuestros estados corporales no son fácilmente accesibles, pero quizá los expresemos sutilmente en nuestro lenguaje y podamos rastrearlos», afirma Mehl.

Pero eso supone una posibilidad aún más tentadora: ¿podríamos estar más sanos si mantuviéramos buenas conversaciones sobre cosas significativas y sustanciales? ¿Podemos utilizar la palabra como medicina? «Sabemos que con la administración de ibuprofeno obtenemos una respuesta antiinflamatoria; ¿podríamos "administrarnos buenas conversaciones" para obtener una respuesta antiinflamatoria? Esa es la idea —dice Mehl—. Queda mucho trabajo por hacer. Pero el lenguaje es una ventana a nuestros procesos psicológicos, y ahora sabemos que también es una ventana a lo biológico». Puede sonar descabellado, pero Mehl señala que el habla es tan fundamental en nuestras vidas que sería aún más descabellado que no estuviera relacionada con la salud física.

Sabemos qué es una buena conversación. Pero ¿cómo medimos si estamos manteniendo suficientes buenas conversaciones? Resulta que podemos utilizar nuestros teléfonos o relojes inteligentes para llevar la cuenta de qué hablamos y calcular una puntuación. Hace veinte años, el dispositivo EAR de Mehl era un artilugio tosco: una minigrabadora de casete con temporizador. Hoy, EAR es un programa informático, una aplicación que se puede instalar en nuestro móvil.

Mehl trabaja con un desarrollador de *software* y un equipo de investigadores de Harvard para reducir el código y que EAR pueda funcionar en un reloj inteligente. Los médicos de Harvard trabajan con pacientes que han sufrido un ictus, y estos se recuperan antes si hablan y socializan más. Un reloj que pudiese rastrear las conversaciones registraría cuánto hablan y qué tipo de conversaciones mantienen. Los investigadores han creado un prototipo, pero aún hay que perfeccionarlo. El mayor reto es introducir el código de la aplicación en la diminuta memoria del reloj. «Tenemos relojes inteligentes que cuentan nuestros pasos y miden la calidad de nuestro sueño. Pero un comportamiento social igualmente importante es cuánto socializamos y qué tipo de conversaciones mantenemos.

Sin embargo, no tenemos ninguna forma de controlar el habla como controlamos el sueño y el ejercicio. Es un punto ciego», afirma Mehl.

No es difícil imaginar que el seguimiento de conversaciones se integre en los dispositivos de consumo habituales, o que nuestro reloj nos dé un suave empujoncito para levantarnos de la mesa e ir a hablar con alguien.

Yo, siempre

Utilizando de nuevo el dispositivo EAR, Mehl se unió a un equipo que hizo un tercer gran descubrimiento: las personas que sufren ansiedad y depresión utilizan los pronombres en primera persona del singular *yo*, *me*, *mí* y el posesivo *mi* más que los demás. Lo que antes se consideraba un signo de narcisismo es, en realidad, un indicio de estados emocionales negativos. Los investigadores lo denominan *I-talk*, «habla del yo», y dicen que es un marcador del «afecto negativo» que engloba la ansiedad, la depresión y el estrés. La autora principal de la investigación, Allison Tackman, psicóloga de la Universidad de Arizona, llegó a la conclusión de que las palabras *yo* y *me* están más relacionadas con el afecto negativo que *mi*, probablemente porque el posesivo se refiere a algo o alguien que no es uno mismo. De las dieciséis mil palabras que pronunciamos de media a diario, unas mil cuatrocientas son pronombres en primera persona del singular. Sin embargo, las personas estresadas, ansiosas o deprimidas pueden pronunciar *yo* y *me* hasta dos mil veces al día.[2]

Los psicólogos utilizan el habla del yo como herramienta diagnóstica, como indicador de que alguien sufre un trastorno emocional. Pensad en la última vez que pasasteis por algo estresante o angustioso —una ruptura, un despido— y cómo, en vuestra fase «ay de mí», volcasteis toda vuestra atención hacia dentro. ¿Por qué *me* ha pasado esto a *mí*? ¿Qué *me* pasa? ¿En qué *me* he equivocado?

---

[2] Alexis Blue, «Frequent "I-Talk" May Signal Proneness to Emotional Distress», University of Arizona News, 7 de marzo de 2018, https://news.arizona.edu/story/frequent-italk-may-signal-proneness-emotional-distress.

¿Por qué *yo* no puedo mejorar? ¿Por qué *yo* no caigo bien? Estamos atrapados en el vórtice de lo que Mehl llama «el yo en el centro del huracán».

Si esos «yo» excesivos indican depresión, ¿podríamos salir de ella reduciéndolos? El colaborador de Mehl, James Pennebaker, psicólogo investigador de la Universidad de Texas en Austin, sostiene que sí. Pennebaker se dio a conocer por su estudio de los pronombres. Su gran descubrimiento fue que las palabras que usa una persona, sobre todo los pronombres, revelan lo que la motiva. ¿Quieres saber qué tal le irá a un chico en la universidad o si un político llevará a su país a la guerra? Todo está codificado en su discurso, declaró Pennebaker.

En los años noventa Pennebaker propuso una idea que denominó «terapia de los pronombres» que se basaba en enseñar a controlar y evitar el uso de la primera persona del singular. Los resultados fueron desiguales, probablemente porque centrarse en evitar decir «yo» desvía la atención de la conversación real.

Sin embargo, otros estudios han demostrado que pequeños cambios en el lenguaje pueden ayudar a regular las emociones negativas. Un estudio de Harvard descubrió que los pacientes en terapia que reducían el uso del «yo» y, curiosamente, los verbos en presente —una técnica llamada «distanciamiento lingüístico»— mejoraron su salud psicológica.[3] Investigadores de la Universidad de Míchigan descubrieron que el uso de una técnica llamada «autoconversación distanciada» —hablarse a uno mismo en segunda o tercera persona o usando nuestro nombre de pila y evitando el *yo* y el *me*— tenía efectos similares.[4] Los psicólogos de Míchigan llegaron a la conclusión de que los terapeutas podrían utilizar la autoconversación distanciada como técnica para ayudar a procesar las experiencias estresantes o negativas de sus

---

[3] Erik C. Nook *et al.*, «Linguistic Measures of Psychological Distance Track Symptom Levels and Treatment Outcomes in a Large Set of Psychotherapy Transcripts», *Proceedings of the National Academy of Sciences* 119, n.º 13 (2022), https://doi.org/10.1073/pnas.2114737119.

[4] Ariana Orvell *et al.*, «Does Distanced Self-Talk Facilitate Emotion Regulation Across a Range of Emotionally Intense Experiences?», *Clinical Psychological Science* 9, n.º 1 (2020), pp. 68-78, https://doi.org/10.1177/2167702620951539.

pacientes, ya que «los cambios sutiles en el lenguaje pueden aprovecharse para alterar de forma adaptativa la perspectiva que una persona tiene de sí misma, de modo que repercuta en su forma de pensar y de sentir».

Esos investigadores hablan de terapeutas que usan dichos métodos con sus pacientes, pero quizá merezca la pena probarlos por nuestra cuenta. Es imposible no utilizar nunca las palabras *yo*, *me* y *mí*, pero dedicar un día a reducirlas al mínimo —es decir, hacer terapia con pronombres— es un ejercicio que merece la pena. Partiendo de nuestra filosofía de callarnos, emplear la técnica del distanciamiento lingüístico nos obliga a pensar en nuestra forma de hablar y a reflexionar sobre nuestra elección de palabras. Resulta extraño dedicar tiempo a hablarnos en segunda o tercera persona, o a utilizar nuestro nombre de pila en lugar de *yo* o *me*. Pero la autoconversación distanciada es algo que podemos practicar a solas. Y el verdadero beneficio puede lograrse al ralentizar lo suficiente nuestra conversación para pensar en cómo estamos hablando.

Baños de bosque: la llamada de lo suave

Conté a muy pocas personas que iba a darme un baño forestal. A la mayoría de mis amigos no les va eso de llevar cristales, despertar conciencias y abrazar árboles, ni los rituales sagrados en el bosque, y sabía lo que me dirían si les hubiera contado mis planes: «¿Qué será lo siguiente? ¿Escuchar a Enya? ¿Encontrar un chamán? ¿Hacerte vegano? ¿Sandalias Birkenstock?». Uno de mis amigos, un informático de San Francisco, se rio a carcajadas cuando se lo conté.

Mi guía fue Todd Lynch, un tipo de unos cincuenta años, amable y de voz suave, que trabaja como arquitecto paisajista y artista. Nos encontramos en el aparcamiento cercano a un bosque de las Berkshires y nos adentramos en él. Había encontrado a Todd en una página web donde aparecen cientos de guías certificados de baños forestales en Estados Unidos. Tenía la esperanza de que unas horas en contacto con la naturaleza sirvieran para mitigar mi verborrea; que si me obligaba a callarme durante tres horas en el bosque, podría seguir haciéndolo el resto de mi vida.

El baño forestal tiene su origen en Japón, donde lo llaman *shinrin-yoku*. A principios de los años ochenta los médicos empezaron a buscar soluciones al problema de los urbanitas que sufrían infartos y se les ocurrió una idea: pasear por el bosque. Desde entonces, Japón ha construido cientos de senderos especialmente diseñados para darse baños de bosque en todo el país. Para los japoneses, el baño forestal es una verdadera medicina. El sitio web de la Organización Nacional de Turismo de Japón dedica una sección entera a estos baños y a los lugares donde pueden experimentarse, como el bosque de Akasawa, donde comenzó el *shinrin-yoku*.[5] El itinerario más guay para darse un baño forestal nos lleva de excursión por lugares sagrados de los bosques de la península de Kii e incluye una estancia en un templo sintoísta, donde se puede pasar una noche viviendo como un monje.[6]

El padrino de los baños forestales y profesor de Medicina en Japón, el doctor Qing Li, lleva dos décadas investigando y ha descubierto beneficios demostrables para la salud que pueden cuantificarse y medirse. Afirma que los baños de bosque funcionan porque los árboles liberan fitoncidas, aceites naturales que los protegen de insectos y bacterias. Los fitoncidas tienen aromas; pensemos en el ciprés, el eucalipto y el pino. Las investigaciones de Li han descubierto que los fitoncidas hacen que el cuerpo aumente la producción de proteínas anticancerígenas y células asesinas naturales (NK), que atacan a intrusos como los virus o los tumores. Afirma que un baño de bosque al mes es suficiente para mantener niveles altos de células NK.

En un estudio, Li descubrió que las personas que pasaban dos horas en el bosque aumentaban sus horas de sueño en un quince por ciento. También presentaban niveles más bajos de cortisol y adrenalina (las hormonas del estrés), una tensión arterial más baja, más energía y menos depresión. Un estudio japonés descubrió que un día completo de baño forestal «mostraba efectos positivos significativos en la salud mental, especialmente en aquellos con tendencias

---

[5] Organización Nacional de Turismo de Japón, «Forest Bathing in Japan (Shinrin-Yoku)», Travel Japan, https://www.japan.travel/en/guide/forest-bathing/.

[6] «Sacred Sites & Pilgrimage Routes in the Kii Mountain Range (UNESCO): World Heritage», Travel Japan, https://www.japan.travel/en/world-heritage/sacred-sites-and-pilgrimage-routes-in-the-kii-mountain-range/.

depresivas».[7] Li afirma que un fitoncida, el D-limoneno, es más eficaz para mejorar el estado de ánimo que los antidepresivos. «No hay ningún medicamento que pueda influir tan directamente en la salud como un paseo por un hermoso bosque», escribe en *El poder del bosque. Cómo encontrar la felicidad y la salud a través de los árboles*.

La primera regla del baño forestal es caminar... muy... lentamente. Todd y yo tardamos unos treinta minutos en adentrarnos unos cientos de metros. Luego nos sentamos en un claro y no hicimos nada, salvo escuchar los pájaros y observar las copas de los árboles que se mecían al viento. En realidad no pasó nada, pero de eso se trataba. Después de tres horas y de una pequeña ceremonia del té, volvimos andando al aparcamiento y nos despedimos. No sé si le pasó algo a mi tensión arterial o a mi recuento de glóbulos blancos, pero volví a casa sintiéndome muy bien, con los sentidos aguzados. Todo parecía un poco más vivo. Me recordó al día en que me compré mis primeras gafas y volví a casa maravillado por un mundo que nunca había visto. No me había llevado el móvil y, al volver, no sentí el menor interés en comprobar si me había perdido algo. Apagué la radio y conduje las dos horas de camino a casa en silencio, mientras imaginaba a esos fitoncidas corriendo por mi torrente sanguíneo, haciendo su magia y generando nuevos batallones de células NK.

Los estudios de Li que prueban la eficacia de los baños forestales para el bienestar físico y emocional coinciden con otras investigaciones que demuestran que el silencio parece actuar como una medicina para el cerebro y ayudarle a generar nuevas neuronas.[8] Esta «neurogénesis» crea una mayor resistencia y reduce la ansiedad en situaciones de estrés.[9] Esa es la buena noticia. La mala es que, de momento, la investigación solo se aplica a ratones, que

---

[7] Akemi Furuyashiki *et al.*, «A Comparative Study of the Physiological and Psychological Effects of Forest Bathing (Shinrin-Yoku) on Working Age People with and without Depressive Tendencies», *Environmental Health and Preventive Medicine* 24, n.º 1 (2019), https://doi.org/10.1186/s12199-019-0800-1.

[8] Kirste *et al.*, «Is Silence Golden?», pp. 1221-1228.

[9] Ruth Williams, «Young Brain Cells Silence Old Ones to Quash Anxiety», *Scientist Magazine*, 27 de junio de 2019, https://www.the-scientist.com/news-opinion/young-brain-cells-silence-old-ones-to-quash-anxiety-64385.

tienen menos neuronas que nosotros. Aun así, algunos científicos sospechan que los resultados podrían conducir a terapias para ayudar a quienes sufren ansiedad y no responden bien a los antidepresivos. En lugar de sertralina, podríamos probar una dosis de silencio supervisada por un médico.

La idea de que pasar tiempo en la naturaleza mejora nuestra salud y bienestar era de lo más lógica para el biólogo de Harvard Edward O. Wilson, quien planteó la hipótesis de que nuestra afinidad por el aire libre y el amor por los seres vivos están grabados en nuestro ADN a través de la evolución y existen como partes innatas de nuestra constitución psicológica y fisiológica. Wilson lo denomina «biofilia», nombre derivado de las palabras griegas «vida» y «amor». Es la razón de que la gente observe a los pájaros, se derrita al ver conejitos, viaje al Parque Nacional de Yellowstone para maravillarse con los bisontes y se asome a la ventana cuando un ciervo entra en su jardín. Esa es la razón de que pasear por el parque de Muir Woods entre secuoyas milenarias nos deje sin aliento. Los demás seres vivos, flora o fauna, apelan a algo que llevamos dentro.

Los monjes, maestros del silencio, viven una media de cinco años más que los hombres de la población general; lo afirma Marc Luy, un demógrafo vienés que lleva más de una década estudiando los registros de los claustros de Baviera desde 1890 hasta la actualidad. «Sin duda, el silencio reduce el factor de estrés [de los monjes]. Puede que el silencio no lo explique todo, pero ese tiempo de soledad durante el cual solo se ocupan de la gracia, la oración y sus pensamientos es una parte importantísima en la reducción del estrés», dice Luy.

En la última década, los baños de bosque se han convertido en un fenómeno mundial y un negocio en auge. Finlandia abrió un «sendero forestal del bienestar» en 2010.[10] En toda Europa existen los llamados bosques de energía, que forman parte de un creciente interés por el turismo ecológico y de salud.[11] Europa se

---

[10] Eira-Maija Savonen, «Forest Therapy and the Health Benefits of Forest», 27 de febrero de 2019, https://www.vomentaga.ee/sites/default/files/editor/failid/forest_therapy_and_the_health_benefits_of_forest_karvia_27.2.2019_moniste_jaettavaksi.pdf.

[11] «Forest Bathing», Alpenwelt Resort, https://www.alpenwelt.net/en/summer-autumn-holiday/forest-bathing/.

adelantó al poder curativo de la naturaleza: pensemos en las ciudades termales alemanas cuyos nombres empiezan por «Bad» o en la ciudad de Spa, en Bélgica.

En Estados Unidos los baños de bosque experimentaron un gran auge durante la pandemia, afirma Amos Clifford, un guía naturalista y psicoterapeuta de Arizona que desarrolló un programa de baños forestales de tres horas y creó una empresa, The Association of Nature and Forest Therapy Guides and Programs, que forma a personas para que se conviertan en guías certificados de baños forestales. Más de mil setecientas personas de sesenta y dos países han obtenido el certificado de la ANFT, casi cuatrocientas solo en 2021. En Estados Unidos hay más de mil personas certificadas como guías. Entre ellas se encuentran fisioterapeutas, párrocos y psicoterapeutas.

Todos aparecen en el sitio web de la ANFT y la mayoría tiene sus propias webs donde se pueden reservar excursiones de baños forestales. También siguen el programa de Clifford de tres horas de baños en el bosque que él denomina «terapia relacional forestal». Clifford cree que muchos de nuestros problemas se deben a nuestro alejamiento de la naturaleza y, por tanto, de nosotros mismos. Mientras que los baños de bosque japoneses tienen un enfoque más científico y se centran en los beneficios medicinales de los fitoncidas, el programa de Clifford es más psicológico.

Para algunas personas, el baño forestal es solo una forma de relajarse en el bosque. Otras, en cambio, ventilan emociones y recuerdos pesados y viven una experiencia más profunda, casi transformadora. «Muchas personas vienen con la idea de que es una tontería *hippie* —dice Clifford—. Curiosamente, los más escépticos son los que más lloran».

No es necesario contratar un guía. Se puede aprender mucho leyendo el libro de Clifford, *Baños de bosque. Siente el poder curativo de la naturaleza*, o el de Qing Li, *El poder del bosque. Cómo encontrar la felicidad y la salud a través de los árboles*, que es prácticamente la biblia de los baños forestales. Li dice que ni siquiera hace falta encontrar un bosque. Basta con ir al parque local.

Callarse y sanar el cerebro

Dhiraj Rajaram es el fundador y presidente de Mu Sigma, una empresa tecnológica multimillonaria con sede en Bangalore (India). Hace unos años, Rajaram empezó a animar a los cuatro mil empleados de Mu Sigma a tomarse descansos de treinta minutos a las 10.30 y a las 15.30 y a pasar ese tiempo en silencio, lejos de sus mesas, ordenadores y móviles. Nada de enviar mensajes de texto, consultar el correo electrónico o entrar en Twitter. «No es solo silencio de audio, sino también de vídeo», me dijo Rajaram. Cree que estas pausas hacen que la gente sea más creativa e incluso más productiva. Aunque los empleados pierden una hora de trabajo, «aprovechan mejor el resto del día».

Mu Sigma depende del ingenio y la creatividad de matemáticos e informáticos que deben encontrar nuevas formas de analizar enormes cantidades de datos para que sus clientes, en su mayoría empresas de Fortune 500, puedan tomar mejores decisiones. La empresa se describe a sí misma como «parte estudio de diseño, parte laboratorio de investigación» y llama a sus analistas «científicos de la decisión».

Ingeniero de formación, Rajaram practica la meditación Vipassana y se considera tanto un filósofo como un hombre de negocios. Cree que la sobrecarga de información nos está volviendo a todos un poco locos. «El problema no es solo que hablemos demasiado. Es que recibimos tanta información que no sabemos lo que es ruido y lo que es una señal», afirma.

Las redes sociales nos obligan a crear un nuevo yo y nos alejan de nuestro yo auténtico, lo que interfiere en la creatividad. «Gran parte de la creatividad procede de tener una conexión auténtica con uno mismo —dijo—. El problema es que nos hemos desconectado de nosotros. Nos enterramos bajo capas de falsedad que nos impone la sociedad. Estamos todos en Facebook, Instagram y LinkedIn, intentando agradar a la gente».

La política de silencio en el trabajo de Rajaram se interrumpió cuando la pandemia hizo que todos empezaran a trabajar desde casa. Sin embargo, él cree que el silencio y la quietud son ahora más necesarios que nunca. Nuestro mundo es cada vez más ruidoso, y estamos al borde de una crisis. «Entramos en una era en la que nuestro mayor problema será la salud mental», dijo.

Meditación como medicación

Jack Dorsey es uno de los empresarios más creativos del mundo. Ha creado dos de las empresas tecnológicas más importantes de los últimos veinte años. La primera fue Twitter, la red social más importante e influyente. La mayoría se habría conformado con eso, pero unos años después de crear Twitter Dorsey cofundó Square, que fabrica esos pequeños lectores de tarjetas de crédito que se ven por todas partes, y se convirtió en un éxito mayor aún. Estas empresas juntas valen más de 100.000 millones de dólares y durante años Dorsey encontró tiempo para ser presidente de ambas. Pero ni siquiera eso es suficiente para la inquieta imaginación de Dorsey. Ahora está dando el salto a la tecnología *bitcoin* y *blockchain*, la próxima gran novedad de la industria tecnológica, y buscando nuevas oportunidades.

El secreto de Dorsey es que sabe cómo y cuándo callarse. Siempre empieza el día con media hora de meditación y luego camina ocho kilómetros hasta el trabajo, lo que le lleva poco más de una hora, normalmente en silencio. Cuando quiere divertirse de verdad, viaja a algún rincón remoto del mundo y se pasa diez días sumido en la meditación silenciosa Vipassana que practica Rajaram. Dorsey ha afirmado que esta es la clave de su creatividad.

La ciencia sugiere que la meditación hace que las personas sean más creativas. Pero hay otros beneficios. Por ejemplo, los monjes y monjas budistas que dominan la práctica de la meditación gozan de mejor salud mental.[12] La meditación puede cambiar la estructura del cerebro (en el buen sentido) y ralentizar la atrofia de la materia gris al envejecer, convirtiéndola en una especie de

---

[12] Gauri Verma y Ricardo Araya, «The Effect of Meditation on Psychological Distress Among Buddhist Monks and Nuns», *International Journal of Psychiatry in Medicine* 40, n.º 4 (2010), pp. 461-468, https://doi.org/10.2190/pm.40.4.h.

fuente de la juventud.[13] La meditación reduce la ansiedad y la depresión casi tan bien como los antidepresivos, y «sin las toxicidades asociadas», informaron los médicos del Johns Hopkins.[14]

Al parecer, la meditación hace que el cerebro pase al «modo por defecto» en el que no tiene nada que hacer, así que se queda quieto, buscando algo en que ocuparse. Ese esfuerzo por buscar algún tipo de estímulo o tarea hace que se ejercite, mejore sus capacidades cognitivas, se vuelva más capaz de recordar cosas —por ejemplo, dónde dejó el coche en el enorme aparcamiento del centro comercial— y de pensar en el futuro.[15] Esta última habilidad puede ayudar a explicar por qué a Dorsey se le siguen ocurriendo ideas para cosas que nadie más ha imaginado, como una red en la que cientos de millones de personas puedan estar al tanto de lo que ocurre en el mundo, en tiempo real, o un sistema que permita a los taxistas y a las pequeñas empresas aceptar pagos con tarjeta de crédito en un iPad.

Cada vez que Dorsey vuelve de uno de sus diez días de Vipassana cuenta maravillas en Twitter, lo que ha inspirado a muchos colegas del ámbito tecnológico a probarla, presumiblemente con la esperanza de acabar haciéndose también multimillonarios. La mayoría no aguantan los diez días y se retiran al cabo de un par.[16] Es difícil renunciar a los móviles y los portátiles. Y la Vipassana no es relajante. Sentarse en la posición del loto durante horas es increíblemente doloroso, pero el dolor se considera parte del proceso.

En Estados Unidos hay 25 lugares que ofrecen retiros de Vipassana, 362 en todo el mundo. Están apareciendo todo tipo de

---

[13] Eileen Luders, Nicolas Cherbuin y Florian Kurth, «Forever Young(er): Potential Age-Defying Effects of Long-Term Meditation on Gray Matter Atrophy», *Frontiers in Psychology* 5 (2015), https://doi.org/10.3389/fpsyg.2014.01551.

[14] Madhav Goyal *et al.*, «Meditation Programs for Psychological Stress and Well-Being», *JAMA Internal Medicine* 174, n.º 3 (2014), p. 357, https://doi.org/10.1001/jamainternmed.2013.13018.

[15] Randy L. Buckner, «The Brain's Default Network: Origins and Implications for the Study of Psychosis», *Dialogues in Clinical Neuroscience* 15, n.º 3 (2013), pp. 351-358, https://doi.org/10.31887/dcns.2013.15.3/rbuckner.

[16] Marcus Baram, «Silent Mode: Why the Stars of Silicon Valley Are Turning to Silent Meditation Retreats», Fast Company, 12 de abril de 2019, https://www.fastcompany.com/90334124/from-hacking-the-mind-to-punishing-ennui-techs-brightest-are-taking-to-silent-retreats.

retiros de meditación, algunos con largas listas de espera. Las búsquedas de visión se están convirtiendo en algo tan común que la revista *Inc.* las recomienda a los aspirantes a empresarios. Debido en parte al estrés del confinamiento por la pandemia, las aplicaciones de meditación se han convertido en un negocio multimillonario.[17] Desde 2015 han aparecido más de dos mil quinientas.[18] Una aplicación muy popular, Calm, ofrece música y sonidos, como lluvia, y también nos cuenta cuentos para ayudarnos a conciliar el sueño. Otra, Headspace, permite personalizar un programa para alcanzar determinados objetivos, como mejorar la creatividad o ser más paciente.

Personas de todas partes deciden guardar silencio porque creen, como Jack Dorsey, que tomarse un respiro del mundo puede mejorar su capacidad para funcionar en él.

Aplicación de las cinco formas de callarse

Considero las cinco formas de callarse como un entrenamiento, igual que salir a correr, ir al gimnasio o hacer yoga. Es una práctica diaria. Una vez se adquiere el hábito, resulta más fácil. En general, consiste en bajar el ritmo, hablar con intención, dejar hablar a los demás, hacer buenas preguntas y escuchar realmente la respuesta. Al igual que en el gimnasio, son ejercicios que nos harán más sanos y felices.

«Cuando sea posible, no decir nada» es la más potente de las cinco. Elegid una conversación concreta y concentraos en encontrar espacios en los que no podáis hablar. No estáis siendo groseros, sino educados. Es más fácil ponerlo en práctica con desconocidos. Resistid la tentación de entablar conversación con el camarero.

---

[17] «How Meditation Apps Became a Billion-Dollar Industry», Newsy, 2 de mayo de 2022, https://www.newsy.com/stories/how-meditation-apps-became-a-billion-dollar-industry/.

[18] Jazmin Goodwin, «Health and Wellness Apps Offer Free Services to Help Those Coping with Coronavirus», *USA Today*, 25 de marzo de 2020, https://www.usatoday.com/story/tech/2020/03/21/health-and-wellness-apps-offer-freebies-coping-coronavirus/2892085001/.

No intentéis conocer la vida de vuestro conductor de Uber. Dejad que la agradable barista os cobre y vuelva al trabajo. Las reuniones en Zoom son otra buena oportunidad para practicar.

Reducid las conversaciones triviales jugando a «¿Es una pregunta?». Cuando estéis haciendo un recado o concertando una cita para cortaros el pelo, decidíos a hablar solo si os hacen una pregunta directa y, en tal caso, responded de la forma más sucinta. Tengo la costumbre de convertir cualquier encuentro en una oportunidad para charlar. Si estoy haciendo la compra en el supermercado o entrando en el gimnasio, cualquier pobre diablo que encuentre será un buen candidato. También tengo la costumbre de convertir una respuesta afirmativa en una larga disquisición sobre cómo y por qué he tomado una decisión, cuando bastaría con responder una sola palabra. El juego «¿Es una pregunta?» me ha ayudado mucho a frenar este impulso. Practicarlo en situaciones de poco riesgo me ha ayudado a utilizarlo mejor en lugares donde realmente importa, como en el trabajo.

Dominad el poder de la pausa dejando silencios en las conversaciones. Al principio resulta incómodo y sentiréis el impulso de intervenir rápidamente para llenar el vacío. Con el tiempo resulta más fácil. Las pausas son una parte importante de esas «conversaciones significativas y sustanciosas» que tan esenciales son para el bienestar físico y emocional. Antes de hablar, respirad y esperad dos tiempos.

Si buscamos el silencio nos sentiremos más tranquilos pero también más renovados, con más energía y mayor capacidad creativa. Bill Gates, cofundador de Microsoft, se retira dos veces al año a una cabaña del bosque para pasar una «semana de reflexión» en soledad, durante la cual desconecta de los aparatos electrónicos y lee libros y artículos de investigación. Incluso las oportunidades fugaces —unos minutos en el trabajo sin móvil, sin ordenador, sin música— pueden recargar la batería de nuestro cerebro. Si os cuesta resolver un problema, levantaos, alejaos y no penséis en él. Salid a dar un paseo. Acordad una cita para daros un baño de bosque. Sentaos en silencio y dejad que vuestra mente divague y vaya a la deriva. Pensad en esos estudios que descubrieron que el silencio hace crecer nuevas células cerebrales. Cerrad los ojos y sentid cómo esas neuronas cobran vida.

Puede que os aburráis y si es así, estupendo. Los periodos de aburrimiento son regalos del universo. No estáis perdiendo el tiempo, sino aprovechando una oportunidad. El filósofo Bertrand Russell creía que el «aburrimiento fructífero» es un manantial de creatividad. «Una generación que no pueda soportar el aburrimiento será una generación [...] en la que todos los impulsos vitales se marchitarán lentamente, como si fueran flores cortadas en un jarrón», escribió.

Quizá Russell dio en el clavo. Los investigadores han descubierto que aburrirse hace que la gente sea más creativa. Sospechan que puede deberse a que, cuando se aburre, el cerebro busca cosas que hacer. Se siente insatisfecho y se pone en modo búsqueda. Gracias a los móviles, podemos evitar aburrirnos. Siempre hay una distracción. Sin embargo, esa distracción es improductiva. Nuestro cerebro se ocupa con una actividad vacua, que no deja espacio para soñar despierto ni para pensar de forma creativa.

Otra idea: llevar un diario de conversaciones. Las personas que hacen dieta llevan un diario donde anotan todo lo que comen. Los que practican callarse pueden hacer algo parecido, dedicando algún tiempo al final del día a pensar en las conversaciones que han mantenido. ¿Cuántas han sido significativas? ¿Con qué frecuencia hemos sido capaces de escuchar de verdad? ¿Ha habido alguna conversación que haya ido realmente bien? Si es así, ¿cómo lo hemos conseguido? Anotarlo reforzará los hábitos que estamos intentando implementar.

Parece mucho trabajo, pero también lo es ir al gimnasio, y la recompensa de callarse es más fácil de obtener que la de hacer abdominales. Nos sentiremos más felices, más tranquilos, con más control, más optimistas y menos ansiosos. También dormiremos mejor. Incluso puede que descubramos que somos menos propensos a los arrebatos de ira y a caer en catastrofismos.

Los beneficios físicos —nuevas células cerebrales, un sistema inmunitario más fuerte, menos probabilidades de desarrollar enfermedades cardiacas— no son tan evidentes, pero he decidido confiar en la ciencia y aceptar esa parte por una cuestión de fe.

06

Callarse en el trabajo

Los negocios están cambiando. El trabajo está cambiando. Antes las empresas hacían mucho ruido. Compraban anuncios, inventaban eslóganes, inundaban el mundo con sus mensajes. Los negocios consistían en transmitir, presumir, alardear, mentir: saltar, agitar los brazos, gritar para llamar la atención. Los empleados se comportaban de la misma manera: construían su propia marca, promocionaban su talento ante sus jefes y ante el mundo, llamaban la atención en las redes sociales.

Los nuevos negocios han dado la vuelta al guion. Ya no se trata de mandar mensajes a los clientes e intentar convencerlos de que compren el producto que se ha creado, sino de escucharlos y averiguar qué necesitan. El desarrollo de productos se basa en la adaptación y la colaboración, la experimentación, fracasar y aprender a partir de los errores.

Esta nueva forma de hacer negocios está impulsada en parte por el cambio de la venta de bienes a la venta de servicios. En el mundo de los bienes, se fabricaba algo y luego se buscaban clientes. En la economía de servicios, primero se encuentra a los clientes y luego se generan soluciones a sus problemas. Se llama «trabajar a partir del cliente».

Todo se está convirtiendo en un servicio. El *software*, la potencia informática y el almacenamiento se venden como servicios. Los fabricantes de automóviles antes hablaban de vender coches, pero ahora han visto que no venden coches; venden transporte, que es algo totalmente distinto. En el mundo del transporte como servicio, los coches no son más que ordenadores sobre ruedas, y el dinero no procede de vender carrocerías, sino de la venta de *software* y servicios prestados a través de los salpicaderos digitales de los vehículos. Incluso General Electric, un conglomerado industrial que construye motores a reacción y turbinas eólicas, se presenta ahora como una empresa «de servicios».[1]

El servicio requiere humildad, y la economía del todo como servicio exige un nuevo tipo de liderazgo. El jefe solía ser un alfa que ladraba órdenes como un sargento instructor de los marines en Parris Island, un comandante en jefe que sabía todas las respuestas. Ahora estamos en la era de los líderes humildes, los líderes silenciosos, los líderes que hacen muchas preguntas y, en resumen, dirigen en silencio. Hal Gregersen, director del Centro de Liderazgo del MIT, entrevistó a doscientos presidentes ejecutivos y descubrió que muchos viven en lo que él llama «la burbuja del presidente», donde solo reciben buenas noticias y no se anticipan a los problemas.[2] Pero los grandes innovadores, como el fundador y presidente ejecutivo de Apple, Steve Jobs, y el fundador y presidente de Amazon, Jeff Bezos, rompen la burbuja sabiendo cuándo callar y hacer preguntas. Gregersen diseñó el Proyecto 4-24, que sugiere que los líderes empresariales dediquen cuatro minutos de cada veinticuatro horas, lo que equivale a un día entero al año, a no hacer nada más que preguntar.[3] En un mundo impulsado por la inteligencia artificial y el aprendizaje de las máquinas, donde los sistemas son más inteligentes que los humanos que los manejan, los líderes sabelotodos son tan ridículos y obsoletos como las tarjetas comerciales y los tarjeteros Rolodex.

Los líderes actuales son antenas parabólicas, no antenas de radiodifusión: escuchan más de lo que hablan. También saben lo suficiente como para saber lo que no saben, y ganan porque son capaces de absorber información, adaptarse y responder más rápido que sus competidores. No escuchar es la otra cara de hablar en exceso, e igual de letal.

---

[1] Derak du Preez, «GE Staying Current by Becoming an "As-a-Service" Business», *Diginomica*, 29 de abril de 2019, https://diginomica.com/ge-staying-current-by-becoming-an-as-a-service-business.

[2] Hal Gregersen, «Bursting Out of the CEO Bubble», *Harvard Business Review*, 21 de febrero de 2017, https://hbr.org/2017/03/bursting-the-ceo-bubble.

[3] The 4-24 Project, https://4-24project.org/.

Callarse en el desarrollo de producción

A lo largo de la última década muchas empresas han adoptado la metodología Lean, una forma de diseñar nuevos productos que consiste en escuchar. Lean utiliza un ciclo de construir-medir-aprender en el que se crea un «producto mínimo viable», se escucha la opinión del cliente y se utiliza esa opinión para crear la siguiente versión del producto. La palabra clave es «escuchar». Y la escucha es constante. En el mundo Lean no existe el producto acabado. Cada producto sigue perfeccionándose y mejorándose incluso después de su lanzamiento, con nuevas funciones añadidas para adaptarse a las necesidades cambiantes de los clientes. Todo es un trabajo en proceso de elaboración.

Twilio, una empresa de *software* de San Francisco, actualiza su *software* todas las semanas. La empresa considera la escucha como un proceso presencial, es decir, los ingenieros se sientan con los clientes y ven cómo trabajan. En la pared de cada sala de reuniones de Twilio hay un par de zapatos que un cliente ha enviado a la empresa, un recordatorio constante de que los empleados tienen que ponerse «en los zapatos del cliente».

Bunq, una empresa de banca móvil de los Países Bajos, obtiene muchas ideas de su departamento de atención al cliente. Allí resuelven los problemas de los clientes y luego indican a los desarrolladores de *software* lo que tienen que cambiar o añadir. Cada pocas semanas, los desarrolladores de *software* de Bunq van a una estación de tren local y piden a personas al azar que vean los prototipos y les den su opinión. Bunq actualiza su aplicación de forma semanal, normalmente introduciendo dos o tres pequeños cambios, pero en ocasiones añade una gran novedad. El producto nunca permanece mucho tiempo igual.

Lo mismo ocurre con Tesla: el coche que comprasteis el mes pasado no es el coche que conducís hoy, y el coche que conduciréis el mes que viene no será vuestro coche actual. Eso se debe a que Tesla actualiza constantemente el *software* de sus vehículos y va añadiendo nuevas funciones en lugar de esperar a que salga el nuevo modelo dentro de unos años. En cierto sentido, no existe un Tesla acabado. La empresa determina qué nuevas funciones añadir extrayendo datos de sus coches y «escuchando» a sus clientes.

Tesla también adopta un enfoque «cállate» en *marketing* y publicidad: nunca gasta un céntimo en ello e invierte ese presupuesto en investigación y desarrollo.[4] En 2020 su presidente, Elon Musk, se deshizo del equipo de relaciones públicas, que en su opinión había sido otro despilfarro.[5] En público, Musk es un bocazas odioso y un fanfarrón que tuitea más de la cuenta, pero algunos dicen que entre bastidores sabe escuchar cuando se reúne con sus ingenieros para solicitar opiniones y hablar sobre el desarrollo de productos. «Si le planteas a Elon una pregunta seria, la considerará. Y entonces entra en una especie de trance: se queda mirando la nada y es evidente que está pensando. Concentra todo su intelecto, que es considerable, en esa cuestión en concreto», dijo en una ocasión Garrett Reisman, ingeniero de SpaceX, otra de las empresas de Musk.[6]

El modelo de negocio de Tesla «no vendas, sino siempre escucha y siempre cambia» ha desafiado radicalmente a la industria automovilística, y el mismo reto está llegando a todos los sectores: finanzas, sanidad, comercio minorista. En este mundo de modificaciones constantes, la capacidad de escuchar a los clientes y utilizar sus comentarios es esencial para el éxito, y ha convertido a Musk en la persona más rica del mundo.

Las mismas habilidades interpersonales y la humildad que definen el liderazgo en el mundo de las nuevas empresas son necesarias en todos los puestos y en todas las áreas del negocio, desde los altos directivos hasta los mandos intermedios y los colaboradores individuales. Hablar menos, escuchar más, hablar con intención y

---

[4] Steven Loveday, «Tesla Spends Least on Ads, Most on R&D: Report», InsideEVs, 25 de marzo de 2022, https://insideevs.com/news/575848/tesla-highest-research-development-no-ads/.

[5] Fred Lambert, «Tesla Dissolves Its PR Department—A New First in the Industry», Electrek, 6 de octubre de 2020, https://electrek.co/2020/10/06/tesla-dissolves-pr-department/.

[6] C. W. Headley, «Steve Jobs Once Did This for 20 Seconds and It Became a Legendary Power Move», Ladders, 14 de diciembre de 2020, https://www.theladders.com/career-advice/steve-jobs-once-did-this-for-20-seconds-and-it-became-a-legendary-power-move.

plantear buenas preguntas se han convertido en elementos cruciales para el éxito. Las habilidades «duras» importaban en un mundo donde hacíamos el mismo trabajo durante toda nuestra carrera, pero no tanto en unos tiempos donde podemos tener una docena o más de trabajos antes de jubilarnos. El nuevo mundo consiste en escuchar y aprender.

Callarse en ventas

Puede que antes las ventas fueran un concurso de dominación donde triunfaban los charlatanes que invitaban a sus clientes a comer y beber mientras les doraban la píldora y los convencían de que compraran cosas que ni querían ni necesitaban. En la actualidad, las ventas consisten más en escuchar que en hablar. Los mejores hacen preguntas, definen problemas e idean formas de resolverlos.

Una empresa llamada Gong utiliza un *software* de aprendizaje automático que analiza las llamadas de ventas para averiguar qué funciona y qué no. Su *software* recoge millones de horas de datos de audio y los analiza para averiguar cómo actúan los mejores vendedores. Los clientes de Gong usan esta información para formar nuevos comerciales y ayudar a mejorar a los que no rinden bien.

En 2017 Gong analizó más de quinientas mil llamadas y descubrió que las mejores ventas se daban entre los representantes que sabían callarse y preguntar en lugar de engatusar con su verborrea. En concreto, los mejores vendedores formulaban entre once y catorce preguntas. Si son menos, no se profundiza lo suficiente. Si son más, la llamada empieza a parecer un interrogatorio.[7]

El aprendizaje automático de Gong también dedujo que las llamadas funcionan mejor cuando las preguntas están dispersas y cuando un representante identifica tres o cuatro problemas específicos —ni más ni menos— que el cliente necesita resolver. Los mejores vendedores hacían que las llamadas parecieran conversaciones y dedicaban el cincuenta y cuatro por ciento del tiempo

---

[7] Chris Orlob, «This Is What a 'Deal Closing' Discovery Call Looks Like», Gong, 5 de julio de 2017, https://www.gong.io/blog/deal-closing-discovery-call/.

a escuchar y el cuarenta y seis a hablar. Los peores hablaban el setenta y dos por ciento del tiempo.

Los charlatanes y los insistentes no prosperan en la era de las ventas silenciosas.

Callarse en atención al cliente

Una persona pasa de media cuarenta y tres días de su vida en espera al teléfono.[8] Eso es aproximadamente un mes y medio. ¿Por qué? Porque las personas a las que están atendiendo los empleados de atención telefónica no se callan. Según Myra Golden, gurú de la atención al cliente, una llamada estándar de atención telefónica dura dos minutos más de lo necesario. Son minutos perdidos que se acumulan. Golden enseña a los trabajadores de centros de atención al cliente de grandes empresas —Coca-Cola, McDonald's, Walmart— a recuperar ese tiempo perdido acallando a quienes llaman. Para conseguir que hablen menos, dice, es imprescindible que los empleados dominen su propia habilidad para callarse. Les enseña a resistir el impulso de discutir con los clientes enfadados o de mantener conversaciones con los clientes amables que quieren hablar de sus familias y preguntarles qué tal va su día. Ambos tipos, los que gritan y los que hablan más de la cuenta, hacen perder el tiempo y hay que obligarlos a callarse. La regla de oro con la gente amable: mantener la conversación controlada con cortesía, dar respuestas limitadas y centrar a la persona que llama para que se limite al asunto que está tratando. Decir lo menos posible y no proporcionar demasiada información: «Estoy bien, gracias por preguntar. Dígame, ¿en qué puedo ayudarle?».

Con interlocutores enfadados que mienten o exageran —«¡Llevo treinta minutos en espera!», dice el que lleva cuatro—, hay que dejarlo correr. No entrar en debates ni discusiones. Si quieren

---

[8] «Hold Up—More than 80 Percent of People Are Put on Hold Every Time They Contact a Business», Talkto, Cision PR Newswire, 23 de enero de 2013, https://www.prnewswire.com/news-releases/hold-up-more-than-80-percent-of-people-are-put-on-hold-every-time-they-contact-a-business-188032061.html.

desahogarse, que se desahoguen. Golden dice que la mayoría se calma al cabo de unos treinta segundos. Entonces hay que hacerse con el control de la conversación con tres preguntas breves y concretas sobre el tema en cuestión. «¿Cuál es el número del contrato de alquiler?»; «¿Cuál es el número de factura?»; «¿Fecha del contrato?». Lo que se pregunte es lo de menos; al obligar al cliente a hacer tres afirmaciones breves, basadas en hechos y no en emociones, se le ayuda a calmarse y se le enseña a callarse. Una vez tengamos el control de la conversación, podremos resolver su problema y pasar a la siguiente llamada. El arte de conseguirlo empieza por saber controlar las propias emociones y hablar con intención: el arte de callarse.[9] Por si sirve de algo, las mismas técnicas son aplicables si nosotros somos los clientes que solicitamos servicio o asistencia. Si somos breves, no nos da por desahogarnos y sabemos exactamente lo que queremos, nuestra experiencia será mucho mejor. Y contribuiremos a recuperar parte de esos cuarenta y tres días que pasamos esperando, escuchando música y enfadándonos.

Callarse como herramienta de negociación

Las pausas en la conversación hacen que nos sintamos incómodos. Y no se tarda mucho. Un equipo de investigadores de los Países Bajos descubrió que bastan cuatro segundos para que la gente empiece a sentirse «angustiada, asustada, ofendida y rechazada». Esa angustia e incomodidad convierten el silencio en una poderosa arma de negociación. «No deja de sorprenderme lo que ocurre si no hablas, en comparación con si hablas», dice Gavin Presman, consultor de ventas y negociación en Londres.

Presman me contó el caso de un ejecutivo de un conglomerado italiano que intentaba convencer a un jeque de los Emiratos Árabes Unidos para que diera a su empresa acceso exclusivo al mercado local. Presman cuenta la historia así: «El ejecutivo italiano llega y

---

[9] Myra Bryant Golden, «Customer Service: Call Control Strategies», tutorial de vídeo, LinkedIn, 14 de agosto de 2019, https://www.linkedin.com/learning/customer-service-call-control-strategies/give-a-limited-response?autoplay=true&resume=false.

dice: "Bien, este es el trato". El jeque dice: "No me convence". El italiano no responde. Se queda sentado. Durante veinticinco minutos. Le está matando, pero se obliga a permanecer sentado con apariencia tranquila. Finalmente, el jeque dice: "De acuerdo, haré negocios con usted"».

Dominar el poder de la pausa también puede mejorar nuestro salario. De hecho, el mayor error que cometen los solicitantes de empleo al negociar su salario es «no saber callarse», dice Katie Donovan, que dirige una consultoría en Boston, Equal Pay Negotiations, cuya misión es evitar que a las personas, especialmente a las mujeres, se les pague menos de lo debido. Gran parte de la formación que proporciona Donovan consiste en enseñar a los solicitantes de empleo a desarrollar la disciplina necesaria para sacar partido del silencio en las negociaciones. No es fácil, porque a la mayoría las pausas largas le resultan incómodas.

«Odiamos el silencio. Sentimos la necesidad de llenarlo —me dijo Donovan una noche de cena y copas en el barrio de Seaport, en Boston—. Sin embargo, si cedes ya has perdido. La gente acaba negociando contra sí misma».

Donovan describe una situación habitual: el empleador hace una oferta y luego guarda silencio. El solicitante de empleo se siente decepcionado por la oferta, pero luego, nervioso por el silencio, empieza a inventarse razones para aceptarla. De hecho, la gente empieza a asumir el papel del empleador y enumera todas las razones por las que debería aceptar la oferta decepcionante: «Tardo menos en llegar al trabajo. Hay espacio para ascender, es una oportunidad para aprender nuevas habilidades. Quedará bien en mi currículum». «Esto pasa todos los días de la semana —dice Donovan—. Enseño a la gente a que deje de negociar contra sí misma. Ese es el principal problema que solucionas cuando les enseñas a callarse».

Ofrece un ejemplo de cómo conseguir lo que uno se merece. Al principio de su carrera, a Donovan le ofrecieron un trabajo y estaba negociando su salario. El vicepresidente encargado de la contratación recurrió a un truco habitual, que consiste en generar una urgencia mediante el establecimiento de una fecha límite. Concertó la reunión a las cuatro de la tarde de un viernes —un típico movimiento de presión de Recursos Humanos— y le hizo una oferta, pero añadió: «Necesito una respuesta hoy». Donovan le dijo que estudiaría la oferta y se pondría en contacto con él la semana siguiente. Entonces —esta es la clave— no se levantó. Se quedó sentada. La pausa se hizo incómoda. Se obligó a no ceder. Finalmente, el vicepresidente se quebró. Aumentó su oferta, pero volvió a decir que debía darle una respuesta de inmediato. «Agradezco la oferta —dijo Donovan—. Me lo pensaré y le responderé la semana que viene». Entonces, guardó silencio de nuevo y se quedó allí sentada. El vicepresidente salió del despacho. Unos minutos después, volvió con una oferta más alta: era un veinte por ciento superior a la oferta original.

Donovan aceptó el trabajo.

«Si quieres algo, actúa en silencio. Así es como se obtiene el resultado que se necesita», dice Donovan.

Aprende de Steve Jobs

Para ver una clase magistral sobre cómo hacer una presentación vayamos a YouTube, al acto de 2007 en el que Steve Jobs, presidente ejecutivo de Apple, presentó el iPhone, el producto más importante de la historia de la compañía. Muchos oradores salen al escenario con una música enérgica, como los presentadores de concursos, con grandes sonrisas y moviendo los brazos para animar al público. Jobs hace lo contrario. Sale en silencio. No hay música. El auditorio está tan silencioso que se puede oír el roce de sus zapatillas New Balance en el escenario con cada paso. No sonríe. Ni siquiera mira al público. Se mira las manos, como un monje en meditación, ensimismado. Da ocho pasos. Tarda ocho segundos enteros. Luego se vuelve hacia el público y pronuncia una frase:

—Este es un día —dice, haciendo una pausa— que llevo esperando dos años y medio. —Luego guarda silencio durante otros seis segundos.

Y ya estamos enganchados. No podemos apartar la mirada. Estamos pendientes de cada una de sus palabras.

Jobs ensayaba sus presentaciones obsesivamente; practicaba cada paso y cada gesto, y prestaba tanta atención a los silencios entre las palabras como a estas. Lo más interesante es que no se parecía en nada a su personaje sobre el escenario. Fuera de él era un gritón: impulsivo, ruidoso, vehemente, propenso a la ira. Pero dominaba el arte de utilizar las pausas y los silencios al dar una charla. Y nosotros podemos hacer lo mismo.

Aunque solo presentemos un PowerPoint a unas pocas personas del trabajo, insertad unos segundos de silencio. No es fácil. Va contra nuestra naturaleza. En el momento en que miramos a las personas que están sentadas mirándonos, nos sube la tensión y aumenta el ritmo cardíaco. Nuestro cuerpo empieza a producir adrenalina. Nuestro cerebro quiere que digamos algo, lo que sea. Pero no. Contad unos segundos. No hace falta que sean ocho como hacía Jobs, pero queremos que el público note el vacío y preste atención. Así escucharán lo que decimos y lo recordarán.

Jobs entendía que hablar bien significa hablar menos. Era un editor implacable que siempre intentaba transmitir sus ideas con el menor número de palabras posible. También entendía que los silencios entre las palabras son tan importantes como las palabras mismas.

Hablar más de la cuenta acaba con nuestras carreras

Una amiga mía ha tenido once trabajos en los últimos quince años. Uno le duró cinco meses. Otro le duró ocho. Mi amiga tiene un máster en Administración de Empresas por una de las mejores universidades. Pero dice lo primero que se le pasa por la cabeza y sus colegas la consideran odiosa. Una vez, estaba hablando con un grupo de compañeros sobre la salsa *sriracha* y todas las formas en que puede utilizarse.

—Pero ¿sabes para qué no debe usarse la *sriracha*? —preguntó alguien.

—¿Masturbarse? —soltó Robin.

Silencio absoluto. Nadie rio. En menos de un año cambió de trabajo. No perdió el empleo por su ocurrencia con la salsa picante, pero probablemente hubo muchas más. Los que hablan de buenas a primeras suelen ser muy inteligentes y rápidos de pensamiento, pero son demasiado rápidos y carecen de filtros. Sus cerebros generan una idea y ¡zas, allá va! Incluso a sabiendas de que un comentario no va a gustar, no pueden resistirse a soltarlo. Con el tiempo, esas pequeñas bromas y observaciones fuera de tono empiezan a acumularse.

A las personas que no saben callarse en el lugar de trabajo sus compañeros las odian y rezan a diario para que no vayan a la oficina. Esa es la conclusión de un informe de investigación elaborado por Jason Axsom, estudiante de posgrado de la Universidad de Nebraska. La gente «celebra estos días de libertad y comentan lo tranquila que está la oficina en ausencia del hablador compulsivo». En todos los trabajos que ha tenido, Axsom afirmó que había al menos un hablador compulsivo que hacía desgraciados a todos los demás. Le pareció que el problema estaba muy extendido y pensó que si estos habladores compulsivos veían el dolor que infligen a los demás, quizá se sintieran motivados para cambiar.

«Pensé que quizá podíamos ayudar a los habladores compulsivos, que si los entendíamos quizá sería posible formarlos y guiarlos para que buscaran ayuda y evitar así esos comportamientos. Si pudiéramos demostrar lo perjudiciales que son tales conductas para su carrera, entonces se plantearían soluciones», me dijo. Por desgracia, nadie ha concebido una terapia para los que hablan más de la cuenta, que siguen deambulando por el mundo laboral dejando a su paso tristeza y pérdida de productividad.

El artículo de Axsom se ha descargado casi dos mil veces, una cifra extraordinaria para una tesis universitaria y un indicio de cuántas personas buscan formas de convivir con los bocachanclas del trabajo sin tener que cortarles la lengua.[10] Para su tesis, Axsom entrevistó a quince personas que trabajaban en *marketing*, banca, enseñanza, contabilidad, publicidad y ventas al por menor. Algunos eran altos ejecutivos, otros empleados por horas; algunos trabajaban en empresas de la lista Fortune 500 y otros en pequeños negocios. Uno era catedrático. Todos describieron a compañeros de trabajo que deambulaban por los pasillos en busca de nuevas víctimas,

---

[10] Jason R. Axsom, «Compulsive Talkers: Perceptions of Over Talkers Within the Workplace», tesis de máster, Universidad de Nebraska en Omaha, 2006, https://digitalcommons.unomaha.edu/studentwork/205/.

como zombis a la caza de cerebros frescos. Estos habladores compulsivos contaban las mismas historias una y otra vez. No solo hablaban de sí mismos, sino también de sus amigos, parientes y completos desconocidos. No había límites. Carecían de la capacidad de captar las indicaciones sociales. Sus compañeros podían abrir sus portátiles y empezar a escribir, pero el hablador seguía hablando.

Los adictos a hablar suelen causar una buena primera impresión, descubrió Axsom. Son sociables. Son divertidos. Les gusta hacer presentaciones y son grandes narradores. A fin de cuentas, tienen más práctica que la mayoría de la gente. «El patrón que observé en todos los sujetos fue que, al principio, la persona parecía muy simpática. Y se los consideraba competentes e inteligentes —me dijo Axsom—. Pero con el paso del tiempo las historias empiezan a repetirse y la gente empieza a perder productividad. Pasan de pensar que esa persona es simpática a pensar: "Esto tiene que acabar". Y empiezan a percibirla como menos inteligente».

Por tanto, los habladores compulsivos tienen menos probabilidades de ascender: «El comportamiento compulsivo acabará atrapando al hablador en su puesto actual sin oportunidad de ascenso», escribió Axsom. Los habladores compulsivos se convierten en parias. Incluso la gente a la que al principio caían bien empieza a evitarlos. Los compañeros se inventan reuniones falsas. Corren en otra dirección o piden que les cambien de cubículo.

La tragedia es que algunos habladores compulsivos se niegan a cambiar. Axsom cuenta la historia de un hombre al que ascendieron para dirigir un equipo de cinco personas. Tenía talento, pero también era un charlatán. Hablaba constantemente con su equipo, divagando sobre cualquier cosa que se le pasara por la cabeza. El director pensaba que estaba siendo un buen jefe, pero su equipo quería tirarlo por el tejado. Pasaban tanto tiempo soportando sus monólogos que no podían trabajar. Algunos se sentían tan frustrados que empezaron a buscar otro trabajo. Finalmente, se quejaron a la dirección y el director le dio a elegir: o aprendía a callarse o perdía su puesto. Lo sorprendente es que eligió que lo degradaran y perder su puesto. Era tan adicto a hablar más de la cuenta que en lugar de buscar ayuda para su adicción torpedeó su carrera.

Lo que más destaca del informe Axsom es el tono de desesperación y sufrimiento de los entrevistados. Muchos convirtieron sus entrevistas en sesiones de terapia. «La gente se moría por hablar. Hablaban durante más de una hora, desahogándose», recuerda el autor. Describían sentirse atrapados, como prisioneros, incapaces de escapar de su atormentador. Algunos rezaban para que despidieran al bocazas o se planteaban dimitir para librarse de él. «Por favor, llévatelo», suplicó una mujer. A Axsom le sorprendió la profundidad de sus respuestas: «En cierto modo me sentía mal porque me pedían que los ayudara, pero no tenía ninguna respuesta. Y sigo sin tenerla».

Callarse en las reuniones

Hay dos tipos de personas: aquellas a las que les gustan las reuniones y las que están cuerdas. Ahora mismo el primer grupo va ganando.

Los estadounidenses sufren más de once millones de reuniones al día, más de mil millones al año. Solo el once por ciento son productivas. Un estudio reveló que el trabajador medio asiste a sesenta y dos reuniones al mes, que los participantes afirmaban que la mitad de estas eran una completa pérdida de tiempo y que el treinta y nueve por ciento admitía haberse dormido durante las reuniones.[11] El problema va de mal en peor: el tiempo que pasamos en reuniones ha aumentado entre un ocho y un diez por ciento al año desde 2020.[12] Las reuniones individuales han aumentado un quinientos por ciento en solo los dos últimos años, y no es una coincidencia que la jornada laboral promedio haya aumentado 1,4 horas. Ahora trabajamos una media de 44,6 horas a la semana.[13]

---

[11] «You Waste a Lot of Time at Work», Atlassian, s. f., https://www.atlassian.com/time-wasting-at-work-infographic.

[12] «Minutes (Wasted) of Meeting: 50 Shocking Meeting Statistics», *BOOQED* (blog), s. f., https://www.booqed.com/blog/minutes-wasted-of-meeting-50-shocking-meeting-statistics.

[13] «Productivity Trends Report: One-on-One Meeting Statistics: Reclaim», RSS, s. f., https://reclaim.ai/blog/productivity-report-one-on-one-meetings.

Es una locura. Las reuniones son probablemente la mayor oportunidad para aplicar el arte de callarse en el lugar de trabajo. He aquí algunas formas de conseguirlo:

Reducir las reuniones. El valor de una reunión disminuye en proporción directa al cuadrado del número de participantes. Amazon sigue una política denominada «la regla de las dos *pizzas*»: si necesitas más de dos *pizzas* para alimentar a todos los asistentes a la reunión, es que hay demasiada gente. Eso equivale a unas diez personas como máximo.

Si os piden que asistáis a una reunión importante, haced todo lo posible por evitarla. Si no es posible, al menos hay que resistirse al impulso de contribuir a la verborrea inútil.[14] Y no tengáis miedo a abandonar. «Sal de una reunión o una llamada en cuanto sea obvio que no aportas nada de valor», aconseja Elon Musk, director de Tesla. «No es de mala educación irse, es de mala educación hacer que alguien se quede y pierda el tiempo».

Abreviar las reuniones. Nuestras reuniones suelen durar una media hora, pero la duración ideal es de quince minutos. En los primeros quince minutos el noventa y uno por ciento de los asistentes presta atención, pero este porcentaje disminuye a medida que avanza la reunión.[15]

Decir no. Que nos hayan invitado a una reunión de grupo no significa que tengamos que asistir. Rechazar requiere cortesía, pero añadir una explicación —«Estoy ocupadísimo, pero escucharé la grabación más tarde»— puede sacarnos del apuro.

Utilizar la metodología STOP. Antes de hablar en una reunión hay que preguntarse: «¿Por qué estoy hablando? ¿Qué gano?». También podemos hacernos las siguientes preguntas:

→ *¿Para qué servirá este comentario?*
→ *¿Haré avanzar la conversación?*
→ *¿Estoy respondiendo a una pregunta?*

---

[14] Gino Spocchia, «"Walk Out of a Meeting": Elon Musk's Six Rules for Staff Resurfaces», Yahoo! News, 28 de abril de 2021, https://money.yahoo.com/walk-meeting-elon-musk-six-154936765.html.

[15] Flynn, «27 Incredible Meeting Statistics».

→ *¿Es importante lo que quiero decir?*

→ *¿Es este el momento y el lugar para sacar el tema?*

→ *¿Estoy expresando una opinión o constatando un hecho?*

→ *¿He pensado bien lo que voy a decir?*

→ *¿Puedo decirlo de forma concisa?*

→ *¿Me toca hablar a mí?*

→ *¿Soy yo la persona adecuada para exponer este punto o debería animar a otro a que lo haga?*

→ *¿Alguien ya ha dicho lo mismo?*

→ *¿Hablo porque me siento en la obligación de decir algo?*

→ *¿Intento impresionar a los demás?*

→ *Si esta idea no se expresa, ¿cambiará algo?*

No hay muchos comentarios que superen la prueba STOP, lo que significa que pasaremos mucho tiempo en las reuniones sin decir nada. El truco está en conseguirlo sin abstraerse. Prestad atención a quien esté hablando. Mostrad interés en la conversación. Tomad notas. Sonreíd. Asentid con la cabeza. Utilizad el lenguaje corporal y las expresiones faciales para mostrar a la gente (o fingir) que estáis atentos.

Pasar el balón rápidamente. Los futbolistas profesionales mantienen el balón en movimiento. Se puede hacer lo mismo en una reunión. «Recoged el pase» reconociendo lo que ha dicho la persona que os precede. A continuación, añadid algo breve —sin acaparar el balón— y pasadlo a otra persona.

Enviar un correo electrónico. La queja más habitual de las reuniones es que podrían haberse convertido en un simple correo electrónico.[16] ¿Realmente necesitamos convocar a todo el mundo por Zoom para recabar opiniones sobre un documento o poner al día a la gente? Gran parte de lo que tenemos que decir se puede transmitir con un correo electrónico rápido o un mensaje de grupo en Slack.

---

[16] Flynn, «27 Incredible Meeting Statistics».

Cómo acallar a un bocazas

En cuanto se domina el arte de callarse en el ámbito laboral, generamos un nuevo problema: nos resultan insoportables los que hablan más de la cuenta.

Ahora necesitamos una nueva habilidad: conseguir que los demás se callen. Un reciente estudio de psicología de Harvard descubrió que casi dos tercios de las conversaciones se alargan más de lo que uno de los participantes desea.[17] Si ahora somos maestros del arte de callar, seremos esa persona que está deseando largarse.

¿Cómo lograrlo? Los investigadores de la comunicación sugieren utilizar «rituales de cierre» y «gambitos verbales» como «ha sido estupendo hablar contigo», «tengo que responder una llamada a las tres», o dar pistas más sutiles como «bueno, en fin…». También se puede dejar claro que en realidad no estamos escuchando: «Ajá. Hum». Pero estas técnicas son tácticas y presuponen que hablamos con una persona normal. Con los habladores crónicos y empedernidos nos enfrentamos a un enemigo más formidable y debemos recurrir a una de las siguientes medidas más contundentes.

El ataque furtivo. Esto es un poco egoísta por mi parte. Dejad un ejemplar de este libro en el escritorio del bocazas con un marcapáginas en esta página. O haced lo mismo con el informe de Jason Axsom sobre cómo se percibe a los que hablan más de la cuenta en el lugar de trabajo.

Huir. Si nos enfrentamos a un egohablador, escapar puede ser nuestra única opción. Se pueden intentar intervenciones modestas, pero si fracasan, hay que inventar una excusa para escapar, como fingir que nos llaman por teléfono y tenemos que contestar. O ni siquiera os molestéis en ser educados. «Lo siento, tengo que irme» funciona bien. No pasa nada por ser grosero. El charlatán está siendo egoísta y se lo merece. Además, probablemente están tan concentrados en su persona que ni lo notarán. Y notarlo quizá los ayude a cambiar.

---

[17] Adam M. Mastroianni *et al.*, «Do Conversations End When People Want Them To?», *Proceedings of the National Academy of Sciences* 118, n.º 10 (2021), https://doi.org/10.1073/pnas.2011809118.

Utilizar el lenguaje corporal. Apartarse. Volverse ligeramente. Evitar el contacto visual. Coger el móvil y mirarlo. Si se trata de un bocazas moderado, probablemente captará la indirecta. En caso contrario, habrá que intensificar la estrategia. Imaginarse como un boxeador que no quiere quedarse atrapado contra las cuerdas. Hay que seguir moviéndose. Guiar al oponente en un círculo y alejarse poco a poco.

Interrumpir. Utilizad el mismo tipo de lenguaje corporal que utilizaríais para detener a alguien que interrumpe: levantad la palma de la mano, levantad el dedo índice.

Parar el carro. Cuando nos enfrentamos a un hablador nervioso, alguien socialmente torpe que habla para tranquilizarse, pensad que sois su ayudante y no su enemigo. Hay que tranquilizarlo hablando con calma, suavemente y despacio. Utilizad vuestra voz de locutor de radio. Empezaremos reconociendo lo que nos ha dicho para luego dirigirlo en otra dirección. No pretendemos parar, sino aminorar la marcha. «Eso es muy interesante». Pausa. «¿Sabes?, hay algo que quiero preguntarte hace tiempo». Ahora hemos tomado el control de la conversación y se le puede inducir a que siga nuestra cadencia. Por ejemplo, haciendo una pregunta que le obligue a detenerse para pensar. «El otro día leí un artículo sobre la gente que se marcha de las ciudades porque ahora todo el mundo trabaja a distancia. Se han puesto de moda sitios como Bozeman, en Montana. Y me planteé: ¿adónde me mudaría si pudiera? ¿Lo has pensado alguna vez?».

Establecer límites por adelantado. Esto funciona bien con el temido compañero de asiento infernal que si le dejáramos hablaría durante todo el vuelo de seis horas. Es importante marcar terreno de inmediato. «Necesito dormir un poco». O: «Lo siento. Tengo mucho trabajo que hacer antes de aterrizar».

Aparcar. Esta es una forma de evitar que una persona que habla más de la cuenta se apropie de la conversación en las reuniones de trabajo. Hay que empezar estableciendo de qué se hablará en la reunión. ¿Algo que se salga del tema? «Vamos a aparcar eso por ahora». Es más bonito que decirle a alguien que se calle, pero significa lo mismo.

Hablar con el bocazas. Si se trata de un amigo o familiar con un problema crónico, no basta con intervenir en determinadas situaciones. Hace falta una solución permanente. Hay que sentarse en privado y, con voz tranquila y sin enfadarse, explicarle el problema y ofrecer nuestra ayuda. Es posible que la persona que habla más de la cuenta quiera cambiar. También es posible que se ofenda y no vuelva a dirigirnos la palabra. En tal caso, problema resuelto.

Establecer una señal. Una amiga mía acordó una señal con su marido, bocazas crónico, para ayudarle en situaciones de grupo: cuando él empezaba a hablar más de la cuenta, ella posaba la mano sobre la suya. Me encanta esta técnica. No le avergonzaba ni tenía que llamarle la atención. En lugar de eso, le ofrecía un gesto de afecto.

Callarse como marca personal

Hace diez años el cofundador de una empresa de *software* me dijo que medía el valor de las personas por el número de seguidores que tenían en Twitter. Eso me pareció totalmente ridículo. La mayoría de los directores ejecutivos de las empresas de Fortune 500 no estaban en Twitter. ¿Cómo calificaría su valor? ¿Cero? Pero sus empleados se lo tomaron en serio, se convirtieron en charlatanes de feria y publicaron sin cesar en Twitter y Facebook para construir sus marcas personales. En el transcurso de cuatro años, el director de *marketing* produjo doscientos veinticinco episodios de un pódcast de vídeo que nadie veía, y luego siguió con un pódcast de audio que, después de seis años, ha conseguido ir ascendiendo posiciones hasta situarse en el puesto 9.090 de los más populares del mundo. La gestora de redes sociales lanzaba un tuit cada hora, veinticuatro horas al día: en su imperio nunca se ponía el sol. Un equipo del servicio de atención al cliente preparó vídeos paródicos en los que ponían letra a temas de hiphop y rapeaban sobre lo guay que era la vida en las nuevas empresas emergentes.

Nos han vendido la idea de que debemos tener una marca personal y, en un mundo donde probablemente cambiaremos de trabajo cada pocos años, quizá tenga sentido. Pero lo estamos haciendo mal. Seguimos intentando elevarnos por encima del ruido, pero así solo conseguimos aumentar el nivel general de ruido.

He aquí una idea novedosa. En un mundo donde todos hacemos ruido, la mejor forma de destacar es callarse. Construir una marca basada en la competencia discreta y los logros reales. Tener la suficiente seguridad y confianza en nuestras habilidades como para no correr desesperadamente en busca de atención en Twitter.

El «evangelista digital jefe» de una gran empresa de *software* a veces publica más de cien tuits en un solo día. Nada de lo que tuitea guarda relación con su empresa ni con la industria del *software*. Publica tonterías insípidas y falsamente inspiradoras: citas de personajes famosos, vídeos de animalitos, cosas sobre robots, listas de los atributos necesarios para tener éxito y sus propias contribuciones de seudosabiduría, como «tú no eres tu trabajo» o «las personas inteligentes utilizan un lenguaje sencillo». Es un *BuzzFeed* unipersonal que sobretuitea un flujo interminable de estiércol cerebral en las hambrientas fauces del Twitterverso. Emite los mismos tuits una y otra vez, probablemente utilizando una herramienta de automatización. Retuitea sus propios tuits. Tiene casi seiscientos mil seguidores y se autodenomina «celebridad de Twitter». En los últimos seis años, él y otro «tuitincontinente», un hombre que se describe a sí mismo como «orador, futurista y provocador», han producido más de doscientos cincuenta episodios de un programa de YouTube. Un episodio reciente tuvo ocho visitas. Otro, veintidós.[18]

Esta búsqueda desesperada de atención empieza a parecer anticuada y tonta, como esas extravagantes oficinas de las *startups* con mesas de pimpón, decoración estrafalaria y aperitivos gratis que estaban de moda hace una década. Hasta cierto punto, nos engañaron con el «síndrome del nuevo objeto brillante». Internet nos dio nuevas formas de alardear y decidimos que debíamos usarlas todas. Cuanto más dijéramos, y en más sitios lo dijéramos, mejor. O eso creíamos.

Los líderes humildes superan a sus homólogos llamativos. Un estudio que analizó 120 equipos formados por 495 empleados descubrió que los mejores equipos tenían «líderes que demostraban

---

[18] «Constellation Research», YouTube, https://www.youtube.com/c/ConstellationResearch/videos.

humildad mediante el conocimiento de sí mismos, el elogio de los puntos fuertes y las contribuciones de los demás, y la aceptación de las opiniones y críticas ajenas». Los líderes humildes crean equipos con un setenta y cinco por ciento menos de estrés, un cincuenta por ciento más de productividad y un cuarenta por ciento menos de agotamiento.[19] Las empresas están dejando de lado la noción de líder como alguien carismático que busca destacar, que ansía ser el centro de atención, y en su lugar están adoptando la idea de liderazgo como una actividad silenciosa y humilde.

Los líderes silenciosos inspiran empresas silenciosas, ya que su ejemplo se transmite a todos los estratos de la empresa. Los que se autopromocionan de forma implacable son excluidos. Las personas que admiten que no tienen respuesta para todo y que reconocen el mérito de los demás son bienvenidas. La humildad se ha convertido en una característica tan buscada que se incluye en las evaluaciones de personalidad de los reclutadores. Patagonia, la empresa de ropa famosa por su gran cultura corporativa, evalúa la humildad de los solicitantes de empleo. Lo mismo hace Taj Hotels, una cadena mundial de hoteles de lujo con sede en Bombay.[20]

Puede que pronto recordemos los últimos quince años como una aberración, un periodo en el que el mundo laboral perdió temporalmente la cabeza. Si de verdad queremos llamar la atención de nuestros jefes y mejorar nuestras posibilidades de ascenso, hay que ser discretamente competentes. Hay que ser humildes. Es una cualidad poco frecuente en la actualidad.

Sé la persona del equipo que sabe callarse.

---

[19] Brian O'Connell, «Hail to the "Humble" Manager», SHRM, 6 de julio de 2021, https://www.shrm.org/resourcesandtools/hr-topics/people-managers/pages/managing-with-humility-.aspx.
[20] Sue Shellenbarger, «The Best Bosses Are Humble Bosses», *Wall Street Journal*, 9 de octubre de 2018, https://www.wsj.com/articles/the-best-bosses-are-humble-bosses-1539092123.

07

Callarse en casa

Mi hija estaba hecha un manojo de nervios. Tenía un plazo de dos días para entregar un trabajo de Lengua y no se le ocurría qué decir sobre esos poemas. Sacaría un cero, suspendería la asignatura, destrozaría su nota media y no entraría en la universidad.

Tenía dieciséis años, estaba en primero de bachillerato. Yo quería solucionarle el problema. Quería decirle cómo hacer la tarea. Es lo que siempre había hecho en el pasado. Y ¿sabéis qué? Nunca funcionaba. Cuanto más intentaba ayudarla, más se enfadaba.

Así que esta vez probé algo distinto: me senté y me callé. Me dije que debía escucharla y confiar en que se las arreglaría sola. Fue angustioso. Atrapada en la rueda de su ansiedad, cuanto más hablaba, peor se ponía. El charlatán que había en mí se moría por salir de su jaula. Pero me mantuve firme.

Finalmente, mi hija se dio cuenta de que yo no hablaba y me dijo:

—¿Qué haces? ¿Por qué estás ahí sentado?

—Te estoy escuchando.

—No me escuchas. Estás mirando el móvil.

—No es verdad —dije, y señalé el teléfono, que estaba en una mesa fuera de mi alcance.

—No me haces caso.

—Si fuese así, me habría ido de la habitación.

—Bueno, no me estás ayudando, así que supongo que no te importa —dijo ella.

—Sé que te sientes mal.

—Ya, no me jodas.

Ella se rio. Yo también.

Fue calmándose poco a poco. La rueda de la ansiedad empezó a ralentizarse. Y entonces se puso a hablar del verdadero problema, que no era el examen de Inglés. El verdadero problema era que tenía dieciséis años, la edad adulta se le venía encima demasiado deprisa y, como a la mayoría de los adolescentes de su edad, le asustaba no estar preparada. Pronto tendría que hacer la selectividad y solicitar plaza en diferentes universidades. Tenía miedo, no solo de no entrar en ninguna, sino de que una vez allí, no fuera capaz de manejarse.

Más allá de ese horizonte se cierne lo desconocido de la edad adulta, y es un poco aterrador. Nos pasamos toda la infancia muriéndonos de ganas de ser adultos y apañarnos por nuestra cuenta, pero de pronto, cuando llegamos a ese umbral, no lo vemos tan claro, aunque ya es demasiado tarde. Preparados o no, no hay vuelta atrás. Y nadie está preparado.

No eran cosas que yo pudiera arreglar, pero ella no quería que las arreglara. Solo necesitaba que le asegurase que no pasaba nada por tener miedo, que fuera lo que fuera lo que la vida le tenía reservado podría afrontarlo y, lo más importante, que no tendría que hacerlo sola.

Callar no solo por nosotros

El verdadero superpoder de callarse es que, además de ayudarnos a nosotros, ayudamos a los demás. Mejoramos sus vidas. Los hacemos más felices. Al callarnos construimos relaciones interpersonales más fuertes y sanas con todos los que forman parte de nuestra vida.

Puede que al principio, como me pasó a mí, solo esperemos poner freno a nuestra forma compulsiva de hablar y evitar calamidades. Luego reparamos en las ventajas del silencio. Nos van mejor las negociaciones y quizá somos un poco más felices, sanos e inteligentes. Todo eso está muy bien, pero el siguiente nivel es usar el arte de callar para ayudar a nuestros hijos a convertirse en adultos competentes capaces de resolver sus propios problemas y tomar buenas decisiones, o para consolar a un amigo o pariente que esté pasando por un mal momento.

Encuentros como el que tuve con mi hija abren una forma de comunicación más profunda y crean una conexión más fuerte. No se habla mucho, pero tampoco somos pasivos. Es lo que los investigadores llaman «silencio activo», que a veces puede comunicar más información que cualquier palabra.

En cuanto a las relaciones interpersonales, el arte de callar se divide en dos categorías: estratégica y táctica. Las conversaciones estratégicas son como la que mantuve con mi hija, en la que se abordan cuestiones más profundas y a largo plazo. Las conversaciones tácticas son aquellas en las que intentamos resolver el problema en cuestión. Por ejemplo, a veces sí queremos ayudar a nuestro hijo para que pueda escribir ese trabajo. Mi hijo es introvertido como su madre, pero si le planteo preguntas abiertas y luego aguardo, si resisto la tentación de decirle lo que tiene que hacer y me limito simplemente a reflejar lo que dice, conseguiré que hable.

—¿En qué estás trabajando últimamente? —le pregunté un martes por la mañana mientras lo llevaba al instituto.

Tenía que hacer un trabajo, murmuró. Había escrito un borrador, pero era espantoso.

Llegados a este punto, el antiguo yo habría empezado a darle consejos y estrategias para escribir. En cambio, el nuevo yo se limitó a preguntarle: «¿De qué trata?» y dejó que empezara a hablar.

Mi hijo dedicó veinte minutos a explicarme algo llamado «hipótesis agrícola de la dispersión lingüística», una teoría según la cual las familias lingüísticas se expandieron a la par que la agricultura. Le hice algunas preguntas y vi que mientras me contaba la historia estaba pensando en cómo explicarla en un trabajo. Cuando se apeó del coche ya había resuelto su problema.

Yo tenía la sensación de no haber hecho nada, porque apenas había hablado. Pero el silencio activo requiere esfuerzo. Mi silencio le dio espacio para resolver el problema por sí mismo.

Algunas conversaciones tácticas se convierten en estratégicas. Si conseguimos que alguien hable y luego le dejamos hacer, se adentrará en aguas más profundas y hablará de cosas más difíciles e importantes. Resistid la tentación de dar consejos. Si habéis tenido una experiencia similar a la suya y creéis que quizá le sea útil, podéis ofreceros a contársela, pero no se la endilguéis sin más. Dejad que pregunten. Si no lo hacen, retroceded.

Nada de eso me resulta natural. La mayor parte de mi vida he hecho las cosas mal. Me avergüenzo cuando veo viejas películas caseras: solo veo a un padre estresando y sobrestimulando a sus hijos. Durante la mayor parte de sus vidas he sido el padre que daba sermones y contaba historias, que saltaba de un tema a otro hasta que me perdía y preguntaba: «Un momento, ¿de qué estábamos hablando?».

Bueno, *nosotros* no estábamos hablando de nada.

La mayoría caemos en la trampa de hablar demasiado a nuestros hijos; nos imponemos cuando deberíamos apartarnos. Sin embargo, los estudios sugieren que una educación discreta funciona mejor. No hace falta opinar sobre todo. Aunque tengamos una opinión, no es necesario que la expresemos. Tampoco hace falta tener todas las respuestas. Y seamos sinceros: no tenemos todas las respuestas.

Apagad vuestra espada láser y volveos más poderosos de lo que nunca habríais imaginado.

Atreveos a utilizar las tres palabras más poderosas para criar a vuestros hijos: «No lo sé».

El padre callado

Habréis oído hablar de los padres quitanieves, que se lanzan a quitar obstáculos para sus hijos, y de los padres helicóptero, que planean sobre sus hijos para asegurarse de que nada vaya mal. Y luego están las madres tigre, que nunca dejan a sus hijos en paz y les presionan constantemente para que hagan las tareas domésticas y toquen el violín cuarenta horas al día.

Propongo crear un nuevo tipo de padre: el padre callado.

No hace tanto los padres callados eran la norma. Los padres estaban ocupados, tenían cosas que hacer. O quizá solo querían sentarse en el salón a beber martinis y leer el periódico. Nadie se sentía obligado a mantener a sus hijos ocupados o entretenidos, ni a organizar su agenda y tener sus calendarios llenos de actividades.

La palabra *crianza* no se utilizaba y tardó en generalizarse. En Estados Unidos, el término *parenting* ni siquiera aparecía en el diccionario antes de 1958 y su uso solo se extendió a partir de los años setenta.[1] Antes de eso, los padres eran, no hacían.

Pero la crianza se convirtió en algo más. Amazon tiene más de sesenta mil libros sobre cómo criar a los hijos. Y ahora ha surgido algo aún peor: la crianza intensiva. Clases de piano, natación, fútbol, kárate, viajes, Kumon, Khan Academy. En Boston, donde vivo, padres dementes —mi mujer y yo fuimos de esos— envían a sus hijos a clases nocturnas de la Escuela Rusa de Matemáticas, también conocidas como Mates Rusas. Es demasiado. Todos lo sabemos. Sin embargo, como padres tenemos miedo de *no* hacerlo. El mundo se ha vuelto más competitivo. La brecha entre los que tienen y los que no es mayor que nunca. Nos aterroriza que nuestros hijos no acaben en el lado conveniente de esa brecha.[2]

Al tratar de ayudar a nuestros hijos les estamos haciendo un flaco favor. Les impedimos desarrollar habilidades importantes que necesitarán cuando crezcan: cómo resolver problemas, cómo innovar y solucionar las cosas por sí mismos. Creemos que los estamos preparando para la edad adulta cuando, en realidad, los estamos socavando y robándoles la oportunidad de crecer y aprender por sí mismos.

También estamos perjudicando su capacidad creativa. Desde 1990 la creatividad de los niños estadounidenses ha ido cayendo en picado, hasta el punto de que, según Kyung Hee Kim, profesora del College of William and Mary, tenemos una «crisis de creatividad». Estamos sometiendo a nuestros hijos a un sistema educativo que se ha convertido en un entrenamiento para obtener buenos resultados en los exámenes estandarizados, un cambio que «ha reducido el tiempo de juego de los niños, lo que ahoga la imaginación [...] dejando a los estudiantes poco tiempo para pensar o

---

[1] Alison Gopnik, «A Manifesto Against "Parenting"», *Wall Street Journal*, 8 de julio de 2016, https://www.wsj.com/articles/a-manifesto-against-parenting-1467991745.

[2] Claire Cain Miller, «The Relentlessness of Modern Parenting», *New York Times*, 25 de diciembre de 2018, https://www.nytimes.com/2018/12/25/upshot/the-relentlessness-of-modern-parenting.html.

explorar conceptos en profundidad», afirma Kim.[3] Sin embargo, la creatividad es la habilidad más importante que los niños necesitan desarrollar para las próximas décadas. Es lo único que los robots y el aprendizaje automático no pueden sustituir.

La insoportable futilidad de regañar

Podríamos aprender de las culturas indígenas, donde, según Michaeleen Doucleff, periodista científica de la National Public Radio, los padres nunca han dejado de usar el método de la no intervención y sus hijos están mejor. Nuestros hijos crecen en un mundo muy distinto y tienen objetivos y expectativas diferentes, pero Doucleff cree que podemos aprender de las familias mayas de México, las familias inuits del Círculo Polar Ártico y las familias hadzabes de Tanzania con las que ha pasado algún tiempo. Sus hijos son más felices y se portan mejor. Los padres son tranquilos, relajados y eficaces. No regañan, ni sobornan, ni gritan. No les dicen lo que tienen que hacer ni los elogian constantemente.[4]

«La próxima vez que tu hijo se porte mal […] dale la espalda y aléjate», aconseja Doucleff en *El arte perdido de educar. Recuperar la sabiduría ancestral para criar pequeños seres humanos felices.*[5] «Lo mismo vale para las discusiones y las luchas de poder. Si se inicia una, cierra la boca y aléjate». Discutir con los niños les enseña a disfrutar discutiendo. No hay que regatear. Ni levantar la voz. «La próxima vez que sientas el impulso de "enseñar una lección" a tu hijo, sáltatelo. Saca la cinta adhesiva y tápate la boca. La lección bienintencionada se evaporará en el acto y el niño se llevará un sentimiento residual de inutilidad», dice la educadora infantil

---

[3] K. H. Kim, «The Creativity Crisis: It's Getting Worse», Idea to Value, s. f., https://www.ideatovalue.com/crea/khkim/2017/04/creativity-crisis-getting-worse/.

[4] Michaeleen Doucleff, «How to Be a Calmer Parent and Stop Arguing with Your Kids», *Time*, 6 de marzo de 2021, https://time.com/5944210/calm-parenting-technique/.

[5] Michaeleen Doucleff, *Hunter, Gather, Parent: What Ancient Cultures Can Teach Us About the Lost Art of Raising Happy, Helpful Little Humans*, Nueva York: Avid Reader Press, 2021, p. 127 [trad. cast.: *El arte perdido de educar. Recuperar la sabiduría ancestral para criar pequeños seres humanos felices*, Barcelona: Grijalbo, 2021, trad. de Carlos Abreu y Alfonso Barguñó].

Vicki Hoefle en *Duct Tape Parenting*,[6] su manifiesto y guía práctica para utilizar la parquedad de palabras como habilidad parental.

El maestro callado

Según Mary Dickinson Bird, profesora de Educación de la Universidad de Maine que forma a futuros maestros de primaria, «el silencio en el aula ayuda a los alumnos a comprender un tema de forma más profunda e intensa». Inspirándose en un viejo proverbio de Nueva Inglaterra —«Habla menos, di más»—, Bird solía dividir a sus alumnos en equipos de cuatro personas y les retaba a resolver un problema sin hablar. A cada equipo se le entregaba un barreño de diez litros de agua y un montón de objetos aleatorios: corchos, palos, gomas elásticas, papel de aluminio, arandelas metálicas, botes de plástico, canicas. La mezcla variaba, pero cada equipo recibía una bola de hierro de cuatro centímetros y tenía que idear la forma de llevar la bola de un extremo del barreño al otro, de la isla de Silencia a la isla de Flotensia, como decía ella. Los equipos hacían trueques entre sí para conseguir materiales, se espiaban unos a otros y compartían ideas sin mediar palabra.

El juego es frustrante pero también divertido y «para los estudiantes el ejercicio puede ser transformador», escribió Bird en *Science and Children*, una revista para educadores.[7] Los niños tímidos tienen la oportunidad de destacar. Los niños habladores tienen la oportunidad de callarse y aprender de los demás. Todos aprenden habilidades interpersonales y dinámicas de grupo.

Bird creía que el silencio abre nuevas vías de aprendizaje. Su ejercicio ofrece evidentes ventajas para maestros, directivos o padres que intentan controlar a un grupo de niños quejicas atrapados en casa un día lluvioso. «Al decir menos, decimos mucho», escribió Bird.

---

[6] Vicki Hoefle, *Duct Tape Parenting: A Less Is More Approach to Raising Respectful, Responsible, and Resilient Kids*, Nueva York: Bibliomotion, 2012.

[7] Mary Dickinson Bird, «Talk More, Say Less», *Science and Children* 38, n.º 4 (2001), pp. 47-50.

Dejad que vuestros hijos jueguen

Los padres pueden ser jardineros o carpinteros, dice Alison Gopnik, psicóloga de la Universidad de California en Berkeley especializada en desarrollo infantil. Los carpinteros intentan construir en sus hijos la visión que han preparado para ellos. Los jardineros se callan y crean espacio para que sus hijos crezcan en la dirección que ellos deseen. Seguro que adivináis cuál es mejor.

En las últimas tres décadas hemos cometido el error de convertir la «crianza» en un trabajo como cualquier otro, con objetivos, hitos, normas... y eso no funciona. Deberíamos limitarnos a dar espacio a los niños y dejarlos jugar. Que aprendan a aprender y a ser innovadores y creativos.[8]

Fred Rogers se convirtió en uno de los mejores educadores de la primera infancia al ofrecer a los niños «silencio en un mundo ruidoso», escribió su biógrafo.[9] Fue un modelo para los padres de todo el mundo. Como escribió Mary McNamara en *Los Angeles Times*: «Guardaba silencio casi tanto como hablaba, a menudo durante mucho tiempo. Pero esos silencios no estaban llenos de vacío; estaban llenos de espacio».[10]

Rogers no solo enseñaba a los niños, sino también a los padres. Modeló una forma de relación interpersonal tranquila que sacaba lo mejor de la gente que le rodeaba. Lo mismo se aplica a nosotros. Cuando callamos con nuestros hijos, estamos modelando ese comportamiento para ellos. Rogers utilizaba el silencio con un efecto devastador. Una técnica consistía en sentarse con alguien sin hablar, a veces durante sesenta segundos.

En 1997, al recibir el galardón a su trayectoria en los Premios Emmy, Rogers pidió al público que guardara diez segundos de

---

[8] Alison Gopnik, *The Gardener and the Carpenter: What the New Science of Child Development Tells Us About the Relationship Between Parents and Children*, Nueva York: St. Martin's Press, 2017.

[9] Maxwell King, *The Good Neighbor: The Life and Work of Fred Rogers*, Nueva York: Abrams Press, 2018.

[10] Mary McNamara, «"A Beautiful Day" Is a Great Movie. It Just Misses the Point of Mister Rogers», *Los Angeles Times*, 30 de noviembre de 2019, https://www.latimes.com/entertainment-arts/story/2019-11-30/beautiful-day-neighborhood-is-a-great-movie-its-just-not-about-mister-rogers.

silencio «para pensar en las personas que os han ayudado a ser quienes sois, que se han preocupado por vosotros y que han querido lo mejor para vosotros en vuestra vida». A los diez segundos el público estaba llorando. Se puede ver el vídeo en YouTube; os desafío a que lo hagáis sin que se os salten las lágrimas. También a que lo veáis con vuestros hijos. El silencio bien hecho puede ser devastador.[11]

Dejad que vuestros hijos fracasen

Es doloroso ver que nuestros hijos pasan dificultades. Es insoportable. Y no siempre resuelven las cosas por sí solos. A veces fracasan y entonces nos sentimos culpables, porque podríamos haberles dicho qué hacer o cómo evitar el problema, pero no lo hicimos. Simplemente nos quedamos ahí sentados sin hacer nada.

Sin embargo, ¿qué podemos hacer? ¿Llamar al profesor y preguntarle si puede repetir el examen de Matemáticas? ¿Sentarnos con nuestros hijos como carceleros para asegurarnos de que acaban los deberes, o hacer los deberes por ellos? ¿Llamar al entrenador de fútbol y quejarnos de que nuestra hija no juega lo suficiente?

No. Lo que hacemos es seguir callados.

Eso es dificilísimo. Sabemos (o creemos saber) lo que nuestros hijos deberían hacer. Además, a veces los hijos quieren que les solucionemos sus problemas. Nos lo piden. Y podríamos hacerlo. Pero no. Obligarse a callar en estas situaciones es una de las partes más difíciles de criar a un hijo. Lo odio.

He visto a niños llegar a la escuela con proyectos artísticos que parecían hechos por un equipo creativo de Madison Avenue. He visto a niñitos de los Boy Scouts llevar a competiciones de coches de madera unos vehículos que en realidad han construido adultos con títulos de ingeniería. Esos padres probablemente pensaban que lo hacían muy bien. Que estaban ayudando a sus hijos a ser ganadores.

Resistíos a la locura. Dejad que vuestro hijo pierda la carrera. Dejad que suspenda el examen. Dejad que aprenda lo que se siente

---

[11] «Fred Rogers Acceptance Speech—1997», YouTube, s. f., https://www.youtube.com/watch?v=Upm9LnuCBUM.

al sentirse incómodo, asustado, preocupado, decepcionado. Permitirlo es terrible, pero evitándolo no les hacemos ningún favor a nuestros hijos. Les estamos robando la oportunidad de desarrollar habilidades para resolver crisis. Los hacemos sentirse impotentes y, en cierto modo, les faltamos al respeto.

Según el neuropsicólogo William Stixrud y el pedagogo Ned Johnson, autores de *The Self-Driven Child: The Science and Sense of Giving Your Kids More Control over Their Lives*, dejar que los niños resuelvan las cosas por sí mismos —resistiendo el impulso de corregirlos o ayudarlos, e incluso cuidando la forma en la que los elogiamos— los hace más seguros y menos propensos a sufrir ansiedad y estrés.[12]

No estoy sugiriendo que echemos a nuestros hijos a los lobos. Según Diane Tavenner, cofundadora y directora ejecutiva de Summit Public Schools, una red de escuelas públicas de California y Washington, entre hacerles los deberes y enviarlos a una isla deshabitada con una navaja suiza y una caja de cerillas hay un término medio en el que podemos dejar que nuestros hijos fracasen y aprendan de la experiencia. Tavenner anima a los padres a permitir que sus hijos fracasen en cosas pequeñas, como los deberes: «Recuerde que las consecuencias de meter la pata una vez, o varias, con los deberes no alteran la vida».[13] Piense en usted como un entrenador, aconseja. En lugar de dar respuestas, haga preguntas. La idea es ayudar a los niños a desarrollar sus habilidades para que puedan triunfar por sí mismos.

Dejad que vuestros hijos triunfen

Lo bueno de callarse y dar a nuestros hijos espacio para fracasar es que cuando ganan, la victoria les pertenece por completo. Michelle Obama dice que ese es el mejor regalo que sus padres les

---

[12] William Stixrud y Ned Johnson, *The Self-Driven Child: The Science and Sense of Giving Your Kids More Control over Their Lives*, Nueva York: Penguin Books, 2019.

[13] Diane Tavenner, «How I Learned to Let My Kid Fail», *Time*, 26 de septiembre de 2019, https://time.com/5687129/children-failure/.

hicieron a ella y a su hermano cuando eran pequeños: «Hiciste que nuestros éxitos y fracasos fuesen nuestros», le dijo a su madre, Marian Shields Robinson, durante una conversación en el pódcast de la ex primera dama.[14]

Empezad con cosas pequeñas. Marian nunca insistió para que los niños se levantaran a la hora y fuesen a la escuela. Eso era responsabilidad de ellos. Michelle Obama cree que pequeñas cosas como esa tienen una gran recompensa más adelante. «Si quieres que un niño sea autosuficiente cuando tenga veintiún o veintidós años, hay que hacerle practicar desde los cinco o los siete», dijo.

Marian, que vivió en la Casa Blanca con los Obama y ayudó a criar a Malia y Sasha, dice que una parte de dejar que los niños ganen sus batallas consiste en reconocer que a veces una tampoco sabe qué hacer. «Los padres creen que tienen que saber todas las respuestas, pero nadie las sabe. Yo me sentía muy cómoda diciendo: "No lo sé"».

Marian era jardinera, no carpintera. Sabía que su hija tenía mucho carácter y pensó: ¿para qué intentar cambiarla? «Ese fue el regalo que me hizo», dijo la primera dama al público.[15] «Mis padres vieron esa llama en mí […] y en lugar de hacer lo que solemos hacer con las chicas peleonas, que es intentar apagarla, extinguirla […] encontraron la manera de mantenerla encendida, porque sabían que la necesitaría más adelante. En una chica, tener esa llama encendida significa que hay que valorar su voz, dejarla hablar y que aprenda a usarla».

Michelle Obama aplicó a sus hijas el método materno de no intervenir, dejar que probaran y fracasaran. «Ser madre es una clase magistral en dar libertad», le dijo a Meghan Markle en una entrevista para la revista *Vogue* británica. «La maternidad me ha enseñado que, la mayor parte del tiempo, mi función es dejarles espacio para que exploren y se conviertan en las personas que quieren ser. No lo que yo quiero que sean o lo que me hubiera gustado ser a esa edad, sino en lo que ellas son en el fondo».

[14] Maija Kappler, «9 Parenting Tips from Michelle Obama and Her Mom», *HuffPost*, 17 de septiembre de 2020, https://www.huffpost.com/archive/ca/entry/michelle-obama-parenting-tipsca5f623cc8c5b61845586574e6.

[15] Róisín Ingle, «Michelle Obama: World's Most Powerful People "Aren't That Smart"», *Irish Times*, 4 de diciembre de 2018, https://www.irishtimes.com/culture/books/michelle-obama-world-s-most-powerful-people-aren-t-that-smart-1.3719527.

«La maternidad también me ha enseñado que mi trabajo no consiste en allanarles el camino para eliminar toda posible adversidad. Por el contrario, tengo que ser un lugar seguro y estable donde puedan aterrizar cuando, inevitablemente, fracasen; y enseñarles, una y otra vez, a levantarse por sí mismas».[16]

Dejad que vuestros hijos se aburran

Lin-Manuel Miranda cree en el aburrimiento. Dice que las ociosas tardes de su infancia en las que soñaba despierto le ayudaron a desarrollar la imaginación que dio lugar a *Hamilton*, uno de los mayores éxitos de la historia de Broadway y ganador del Premio Pulitzer. «Para estimular la creatividad, nada mejor que una página en blanco o un dormitorio vacío», declaró Miranda a *GQ*, añadiendo que la clave para criar a los hijos es dedicar menos tiempo a su crianza.[17] Puede que él no lo diga así, pero sospecho que Miranda es un padre que sabe callar.

Uno de los principios de educar callando es que entretener a nuestros hijos no es nuestra responsabilidad. No se lo debemos. De hecho, lo que les debemos es aburrimiento, porque el aburrimiento es bueno. Numerosos estudios recientes demuestran que aburrirse ayuda a los niños a ser más creativos y a autorregular sus emociones.[18] «Me aburro», dicen. ¡Estupendo! El universo os ha hecho un regalo a ti y a ellos. Resiste el impulso de llenar su tiempo vacío. Calla y que se las arreglen solos.

El aburrimiento resulta incómodo, pero el cerebro aburrido desarrolla un «estímulo interno» y busca algo en que pensar, dice Teresa Belton, profesora de Educación y Aprendizaje Permanente

---

[16] Meghan Markle, duquesa de Sussex, «HRH the Duchess of Sussex Interviews Michelle Obama in the September Issue» *British Vogue*, 29 de julio de 2019, https://www.vogue.co.uk/article/michelle-obama-duchess-of-sussex-interview-2019.

[17] Michael Hainey, «Lin-Manuel Miranda Thinks the Key to Parenting Is a Little Less Parenting», *GQ*, 26 de abril de 2016, https://www.gq.com/story/unexpected-lin-manuel-miranda.

[18] Pamela Paul, «Let Children Get Bored Again», *New York Times*, 2 de febrero de 2019, https://www.nytimes.com/2019/02/02/opinion/sunday/children-bored.html.

que estudia los vínculos entre aburrimiento y creatividad. Belton afirma que los niños necesitan «tiempo para parar y mirar», tiempo para observar el mundo que los rodea y dejar que su cerebro entre en un estado de ensoñación.[19]

También los adultos se benefician del aburrimiento. Investigadores en psicología descubrieron que las personas que realizaban una tarea aburrida antes de someterse a una prueba de pensamiento creativo superaban a las de un grupo control.[20] Albert Einstein era un holgazán empedernido. Afirmaba que muchas de sus mejores ideas se le ocurrían mientras navegaba a la deriva en un velero sin hacer nada. Steve Jobs pasaba mucho tiempo holgazaneando y posponiendo cosas. Aaron Sorkin tiene tantas ideas en la ducha que a veces se ducha seis veces al día.[21]

Es una locura. Pero también lo es la forma en que educamos a nuestros hijos. Hacedles un favor y callaos.

Mantengamos la compostura

Digan lo que digan de la reina Isabel, esa mujer sabía callarse. Su mayor fortaleza era su moderación a la vieja usanza. Sin duda le sulfuraba tener que capear constantemente los desastres ocasionados por miembros de su familia que carecían de su autodisciplina, pero nunca se quejó. Los Windsor son gente ridícula y la monarquía es una institución ridícula. La reina parecía saberlo, pero también entendía que la única forma de evitar que la farsa se desmoronase era guardar silencio, no meterse en líos y no permitir que nadie estuviera al corriente de lo que pensaba. Por lo que sabemos, a la reina solo le interesaban los corgis y los caballos.

[19] Hannah Richardson, «Children Should Be Allowed to Get Bored, Expert Says», BBC News, 23 de marzo de 2013, https://www.bbc.com/news/education-21895704.

[20] Sandi Mann y Rebekah Cadman, «Does Being Bored Make Us More Creative?», *Creativity Research Journal* 26, n.º 2 (2014), pp. 165-173, https://doi.org/10.1080/10400419.2014.901073.

[21] Tat Bellamy-Walker, «A Former Twitter Exec Reveals the Simple Strategy Used by Jack Dorsey and Steve Jobs That Helped His Team Be More Creative at Work», *Business Insider*, 14 de agosto de 2020, https://www.businessinsider.com/how-to-be-creative-twitter-apple-aaron-sorkin-innovative-distraction.

Y eso es genial. Es fantástico. Todos deberíamos aprender de ella. El mundo no necesita saber lo que sentimos por todo... o por cualquier cosa, la que sea. Nos dicen que es malo reprimir nuestros sentimientos, pero ¿es cierto? Guardarse las cosas para sí parece mejor que escupir nuestros problemas y opiniones a quienes nos rodean. Como habría dicho la reina, calla y avanza.

Su hijo, el rey Carlos, se quejó a un biógrafo de que la reina no había sido una buena madre, que era fría y poco cariñosa, y que en su infancia lo dejó al cuidado de niñeras mientras ella viajaba por el mundo cumpliendo sus obligaciones reales.[22] Puede que tuviera razón en cuanto a la falta de afecto de su madre hacia él. Como escribe Tina Brown en *The Palace Papers*: «La triste verdad era que, debido a su carácter, Carlos simplemente no era el tipo de persona que la reina admiraba».[23] ¿Quién podía culparla? Como en todo lo demás, la respuesta de la reina a los lamentos de Carlos sobre sus habilidades como madre fue perfecta: no dijo nada.

La prensa británica se ha burlado de Carlos[24] tildándolo de «incompetente» y «bobo», de «idiota» que ha bombardeado a los miembros del Parlamento con cartas donde defiende causas que van desde el cambio climático hasta la ganadería, de la guerra de Irak a la forma en que los profesores deben dirigir sus aulas, desde las hierbas medicinales hasta los refugios en la Antártida y el destino de la merluza negra en peligro de extinción.[25] Su atribulada vida personal ha causado un sinfín de problemas a la familia. Primero fue el desastroso matrimonio con Diana, seguido de un divorcio aún más desastroso y las espeluznantes conversaciones telefónicas

[22] Becky Pemberton, «Lonely Prince: How Charles Felt the Queen Was a 'Cold and Distant' Mother», *U.S. Sun*, 17 de diciembre de 2019, https://www.the-sun.com/lifestyle/165255/how-charles-felt-the-queen-was-a-cold-and-distant-mother-but-she-didnt-want-to-burden-him-with-duties-as-a-boy/.

[23] Sam Knight, «The Collateral Damage of Queen Elizabeth's Glorious Reign», *New Yorker*, 29 de abril de 2022, https://www.newyorker.com/news/letter-from-the-uk/the-collateral-damage-of-queen-elizabeths-glorious-reign.

[24] Zoë Heller, «Where Prince Charles Went Wrong», *New Yorker*, 3 de abril de 2017, https://www.newyorker.com/magazine/2017/04/10/where-prince-charles-went-wrong.

[25] Jamie Grierson, «Publication of Prince Charles "Black Spider" Letters: Live», *Guardian*, 13 de mayo de 2015, https://www.theguardian.com/uk-news/live/2015/may/13/publication-of-the-prince-charles-black-spider-letters-live.

«sexis» con Camilla, su futura esposa. Cada vez su madre le dejó fracasar para luego apresurarse a arreglarle las cosas.

Cuando Carlos y Diana se separaron, la reina se cerró en banda durante años, hasta que Diana fue a la BBC con el periodista Martin Bashir y gimoteó sobre Carlos y su familia. Conteniendo su rabia, la reina envió un mensajero a la puerta de Diana con una carta en mano que, en esencia, decía: «Estás acabada». Luego emitió un escueto comunicado público anunciando que Carlos y Diana se divorciarían. Y ya está. Sin entrevistas. Sin llorar en *Dr. Phil* sobre cómo Diana había herido sus sentimientos. La reina hizo su trabajo y se calló.[26]

Cuando Diana murió, la reina parecía inclinada a seguir con su política de no pronunciarse, pero entonces sus patéticos súbditos empezaron a quejarse de que su monarca no era tan sensiblera como ellos. Para evitar una crisis, Isabel pronunció un discurso en directo de tres minutos en la BBC[27] donde cumplió con su deber: decir algo bonito sobre Diana, ser educada, fingir que sentía algo pero no demasiado, bla, bla, bla.

En el funeral, la reina inclinó la cabeza ante el féretro de Diana, lo que era una grave violación del protocolo —la monarca no se inclina ante otras personas—, pero también un brillante movimiento de relaciones públicas que devolvió el apoyo a la familia real. Eso fue un silencio bien aprovechado. Sin decir una palabra, la reina lo dijo todo. Quizá aborreció tener que inclinarse. O quizá fue sincera. Nunca lo sabremos porque, a diferencia de todos los que la rodeaban, la reina fue lo bastante inteligente como para seguir siendo un enigma, «un espejo vacío donde la nación pudiera mirarse», como dice Brown.

Después de limpiar lo de Carlos y Diana, la reina tuvo que salvar la monarquía de su hijo Andrés, que es incluso peor que su hermano. Andrés escandalizó a la familia con un matrimonio y un divorcio de prensa amarilla. No contento con eso, se vio envuelto en un escándalo más sórdido debido a su amistad con el pedófilo Jeffrey Epstein

---

[26] Zoe Forsey, «Queen's Furious Letter to Princess Diana That Finally Ended Marriage to Charles», *Daily Mirror*, 30 de abril de 2020, https://www.mirror.co.uk/news/uk-news/queens-furious-letter-princess-diana-21491557.

[27] Forsey, «Queen's Furious Letter to Princess Diana That Finally Ended Marriage to Charles».

y la demanda de una víctima de Epstein que alegaba que Andrés había abusado sexualmente de ella cuando era menor. La reina llegó a un acuerdo sobre la demanda, despojó a Andrés de sus títulos y responsabilidades y lo metió en una caja para el resto de su vida. Problema resuelto. Ni una palabra al respecto en público.

Cuando Harry, el mimado nieto de la reina, abandonó la familia para ganarse la vida haciendo psicoterapia en público y quejándose a Oprah de su pésima infancia, la reina los privó, tanto a él como a su esposa, Meghan Markle, del derecho a llamarse «miembros de la realeza», un castigo más poderoso por el silencio que lo rodeó. Harry aireó insensiblemente sus quejas mientras su abuelo agonizaba en el hospital. Habría hecho mejor en seguir el consejo de su abuelo: «Concede entrevistas a la televisión, pero no hables de ti».[28]

La contención emocional de la reina quizá tuviera sus inconvenientes, pero fue mejor que el narcisismo y la falta de modales mostrados por otros miembros de la familia, opina Martin Francis, historiador británico, que criticó al príncipe Guillermo por decir que «los días de la flema y compostura tienen que acabar». ¿Ah, sí? ¿De veras? Seguro que puedes hablar con un psiquiatra sobre tus problemas en privado. Salir en la tele para contárselos al mundo no es terapéutico; es egoísta. Martin dice: «La flema y la compostura [...] todavía son muy recomendables».[29]

Amén a eso.

Finlandeses felices

En 2022 Finlandia fue nombrado el país más feliz del mundo por quinto año consecutivo.[30] Probablemente haya muchas razones

---

[28] Kenneth Garger, «What Prince Philip Thought of Harry and Meghan's Oprah Interview», Page Six, 12 de abril de 2020, https://pagesix.com/2021/04/11/prince-philip-thought-harry-and-meghan-markles-interview-was-madness/.

[29] François Marmouvet, «In Defence of the British Stiff Upper Lip», Conversation, 16 de noviembre de 2021, https://theconversation.com/in-defence-of-the-british-stiff-upper-lip-77347.

[30] Vicky McKeever, «This Country Has Been Named the World's Happiest for the Fifth Year in a Row», CNBC, 10 de marzo de 2022, https://www.cnbc.com/2022/03/18/finland-named-the-worlds-happiest-for-the-fifth-year-in-a-row.html.

para ello, pero la principal es que los finlandeses saben callarse. Son uno de los pueblos más callados y reservados del mundo. Son muy poco habladores. A diferencia de los estadounidenses, que no soportan ni unos segundos de silencio, los finlandeses están muy a gusto sentados juntos sin hablar. «El silencio es oro, hablar es plata», dice un proverbio finlandés.[31] Mientras que los estadounidenses anteponen las necesidades y los logros individuales, los finlandeses valoran la armonía y el equilibrio.

Cuando llegó el confinamiento por la pandemia y se exigió a los finlandeses que se mantuvieran a dos metros de distancia, el chiste en Finlandia era: «¿Por qué no podemos mantenernos a nuestros cuatro metros habituales?».[32] Otro chiste finlandés: «¿Cómo sabes si le gustas a un finlandés? Cuando se quedan mirando tus zapatos en lugar de los suyos». Finlandia es un país tan tranquilo que en una ocasión su oficina de turismo creó toda una campaña en torno a la idea del «viaje al silencio», dirigida especialmente a los turistas chinos.[33] «¿Busca un lugar tan silencioso que pueda oír sus propios pensamientos? Permítanos presentarle los tranquilos bosques, los idílicos pueblos, los antiguos lugares sagrados y los parques nacionales de la Laponia finlandesa».[34]

Kimi Räikkönen, piloto finlandés campeón de Fórmula Uno, era famoso por sus habilidades en la pista, pero aún más por apenas hablar fuera de ella. Cuando se retiró, un compañero de equipo le dijo: «Echaré de menos el silencio».[35] Más tarde, Räikkönen

---

[31] Laura Studarus, «How the Finnish Survive Without Small Talk», BBC Travel, 18 de octubre de 2018, https://www.bbc.com/travel/article/20181016-how-the-finnish-survive-without-small-talk.

[32] «What Makes a Happy Country?», *Indian Express*, 26 de abril de 2021, https://indianexpress.com/article/world/what-makes-a-happy-country-7289534/.

[33] Aleksi Teivainen, «Silence an Opportunity for Finnish Tourism Industry», *Helsinki Times*, 4 de septiembre de 2014, https://www.helsinkitimes.fi/business/11886-silence-an-opportunity-for-finnish-tourism-industry.html.

[34] «8 Ways to Enjoy the Silence: Visit Finnish Lapland», Lapland Above Ordinary, 12 de enero de 2022, https://www.lapland.fi/visit/only-in-lapland/8-ways-enjoy-silence-remote-holiday-destination/.

[35] Subham Jindal, «"I Will Miss the Silence": Sebastian Vettel Pays a Heartfelt Tribute to Former Ferrari Teammate Kimi Raikkonen», SportsRush, 1 de diciembre de 2021, https://thesportsrush.com/f1-news-i-will-miss-the-silence-sebastian-vettel-pays-a-heartfelt-tribute-to-former-ferrari-teammate-kimi-raikkonen/.

dijo que podría aceptar hacer una película sobre su carrera, pero «solo si era muda».[36]

Finlandia tiene uno de los mejores sistemas educativos del mundo —mucho mejor que el estadounidense— y es un modelo de moderación. Sin presiones. Sin exámenes estandarizados.[37] Los niños empiezan la escuela más tarde, tienen jornadas escolares más cortas y pasan mucho tiempo jugando.[38] Sin embargo, cuando se compara la capacidad académica de los niños finlandeses con la de chicos de otros países, siempre se encuentran en las primeras posiciones y superan a los niños estadounidenses por un amplio margen.

Los padres finlandeses son lo que yo llamo padres callados y lo que Alison Gopnik describiría como jardineros en lugar de carpinteros. Su forma de criar a los niños no se parece en nada a la nuestra. No hay padres helicóptero ni madres tigre. Los finlandeses dan a sus hijos horas de juego diario, dejan que aprendan a su propio ritmo y valoran que desarrollen su independencia, autosuficiencia, modales y preocupación por los demás. Los niños finlandeses llegan a casa, se preparan la comida y hacen los deberes solos.[39] Las familias finlandesas construyen cabañas de recreo en el patio, llamadas *leikimokki*, donde los niños juegan con sus amigos e incluso duermen en verano.[40]

---

[36] Aditya Talpade, «"Only Silent Films": Oscar Winner Travon Free Describes Conversation About Movies with Kimi Räikkönen», Sportskeeda, 2 de diciembre de 2021, https://www.sportskeeda.com/f1/news-oscar-winner-travon-free-describes-conversation-movies-kimi-raikkonen.

[37] Mike Colagrossi, «10 Reasons Why Finland's Education System Is the Best in the World», World Economic Forum, 10 de septiembre de 2018, https://www.weforum.org/agenda/2018/09/10-reasons-why-finlands-education-system-is-the-best-in-the-world.

[38] LynNell Hancock, «Why Are Finland's Schools Successful?», *Smithsonian Magazine*, https://www.smithsonianmag.com/innovation/why-are-finlands-schools-successful-49859555/#:~:text=Ninety%2Dthree%20percent%20of%20Finns,student%20than%20the%20United%20States.

[39] «Natural Parenting in Finland: Raising Kids Who Love to Learn», Friso, s. f., https://www.friso.com.sg/guides/natural-parenting-finland-raising-kids-who-love-learn#:~:text=The%20Finnish%20believe%20that%20play,their%20preferences%20in%20the%20process.

[40] Seiko Mochida, «Home Visit Survey in Finland: Children Playing Cheerfully and Freely—A Work-Life Balance to Support Childrearing by Parents—Current

Los finlandeses no deberían ser felices. El clima de Finlandia es espantoso. Solo tienen unas pocas horas de luz en invierno, que dura cien días en el sur, alrededor de Helsinki, y doscientos días en el norte. Pese a todo, se las arreglan para ser felices y sospecho que eso se debe a que saben callarse y no ser pesados. Los finlandeses no son antisociales, les encanta pasar el rato desnudos en una sauna con los amigos. Lo que no les gusta es hablar de cosas triviales. Y se las arreglan para comunicarse sin palabras.

Japón: educación silenciosa

En Japón, el arte de comunicarse sin hablar se llama *haragei* o «hablar con la barriga». Significa la capacidad de expresar una opinión o transmitir una idea sin decir nada en voz alta, sino utilizando expresiones faciales, encogiéndose de hombros, moviendo los ojos y otras señales no verbales. Hablas desde la barriga y no con la boca. Eso funciona en Japón, que se considera una cultura de «alto contexto» donde la gente se entiende y no necesita ser explícita: una sociedad colectivista. Por término medio, las conversaciones japonesas contienen el doble de silencios que las estadounidenses.

Los japoneses también tienen un concepto denominado *ishindenshin* que puede traducirse como «telepatía», es decir, la capacidad de entender a otra persona sin que esta hable. También está el *sontaku*, lo que nosotros llamaríamos «leer entre líneas».[41] Para los japoneses, se trata de formas sutiles, ingeniosas y eficaces de comunicarse. A diferencia de los norteamericanos, el silencio no les asusta. Los japoneses consideran el silencio una señal de respeto. Estar callado en una conversación significa que se piensa en lo que la otra persona acaba de decir. El silencio es también un signo de inteligencia: la gente que habla en exceso de forma demasiado explícita se considera vulgar, infantil y tonta.

Situation Regarding Children's "Attitudes of Learning to Learn"», Child Research Net, 29 de septiembre de 2017, https://www.childresearch.net/projects/ecec/2017_14.html.

[41] «Chinmoku, Sontaku and the Uses of Silence», Japanology, 1 de abril de 2019, https://japanology.org/2019/03/chinmoku-sontaku-and-the-uses-of-silence/.

En Japón el silencio desempeña un papel importante en la crianza de los hijos y ayuda a explicar por qué los japoneses lo hacen mucho mejor. Los occidentales que se trasladan a Japón con sus hijos se quedan atónitos cuando ven niños de dos años sentados tranquilamente y en silencio en restaurantes y lugares públicos. Esto se debe a que sus padres son maestros de una educación sosegada que enseña a sus hijos moderación, autodisciplina y modales, poniéndose a sí mismos como modelo.[42]

Cuando la novelista norteamericana Kate Lewis se mudó a Japón con sus dos hijos, se avergonzó por el contraste entre sus retoños norteamericanos, salvajes y ruidosos, y sus homólogos japoneses. Descubrió que los padres japoneses tienen un enfoque diferente de la disciplina, que llaman *shitsuke* y puede traducirse como «entrenamiento» o «educación». El *shitsuke* es un método sosegado. En lugar de gritar al niño en el parque o en el centro comercial —recordad cuántas veces habéis presenciado algo semejante—, los padres japoneses esperan y hablan tranquilamente con sus hijos en privado. «Empecé a verlo por todas partes: padres agachados detrás de las columnas de la estación de tren, en un extremo del parque, manteniendo conversaciones en voz baja», explica Lewis en un artículo para *Savvy Tokyo*.[43]

Sin embargo, hay un problema. A diferencia de los felices finlandeses, Japón suele ocupar los últimos puestos en las encuestas anuales que clasifican la felicidad. En una encuesta realizada en 2019 a veintinueve países, Japón ocupó el puesto vigésimo tercero. En la edición de 2020 del Informe Anual de las Naciones Unidas sobre la felicidad en el mundo, Japón ocupaba el puesto sesenta y dos.[44] Pero probablemente eso se deba a que la definición de felicidad de sus ciudadanos no es la que buscan los encuestadores

---

[42] Mrs. H., «Parenting in Public: 10 Hidden Rules Among Japanese Parents to Follow When in Japan», Tsunagu Japan, s. f., https://www.tsunagujapan.com/10-unwritten-social-rules-of-japanese-parenting/.

[43] Kate Lewis, «The Japanese Way of Disciplining Children», *Savvy Tokyo*, 17 de febrero de 2021, https://savvytokyo.com/japanese-way-disciplining-children/.

[44] Genkidesu, «The World Happiness Report 2020: How Happy Is Japan?», City-Cost, 30 de junio de 2020, https://www.city-cost.com/blogs/CityCostInsiders/z42mk-living.

occidentales. Los occidentales definen la felicidad como sentirse entusiasmado, conseguir grandes victorias, lograr grandes cosas. Los japoneses valoran cosas más tranquilas.[45]

Además, Japón es el país más longevo del mundo. La dieta y la genética contribuyen a ello, pero también lo hace el *ikigai*, una palabra que se traduce como «la felicidad de estar siempre ocupado» aunque en realidad significa tener una vida con propósito y sentido. El *ikigai* se ha convertido en una especie de industria artesanal en Occidente: hay montones de libros y charlas TED sobre el tema.

Una aldea llamada Ogimi, en la isla de Okinawa, tiene el mayor porcentaje de personas centenarias de todo el planeta y allí —aseguran Héctor García y Francesc Miralles, que visitaron Ogimi y entrevistaron a los ancianos— el *ikigai* es preponderante.[46] El *ikigai* tiene mucho en común con las «conversaciones significativas y sustanciosas» que el psicólogo Matthias Mehl, de la Universidad de Arizona, descubrió que son esenciales para mejorar la salud mental y fortalecer el sistema inmunitario. Hablar menos, escuchar más, evitar las conversaciones triviales, establecer vínculos reales. Es una receta muy sencilla.

Callar es un acto desinteresado. Saca lo mejor de quienes nos rodean. Escuchar a alguien, poner toda nuestra atención en esa persona en lugar de en nosotros mismos, tiene efectos mágicos. La madre de Winston Churchill, Jennie Jerome, contrastó la experiencia de cenar con dos importantes políticos británicos, William Gladstone y Benjamin Disraeli: «Cuando salí del comedor después de sentarme junto a Gladstone, pensé que era el hombre más inteligente de Inglaterra. Pero cuando me senté junto a Disraeli, salí sintiendo que yo era la mujer más inteligente».

Imaginad lo que sería tener ese efecto en todas las personas de vuestra vida. Imaginad que hacéis a vuestros hijos más felices, más independientes y más capaces de triunfar. Imaginaos liberando su

---

[45] *Ibid.*

[46] Héctor García y Francesc Miralles, *Ikigai: The Japanese Secret to a Long and Happy Life*, Nueva York: Penguin Books, 2017, trad. de Heather Cleary [trad. cast.: *Ikigai. Los secretos de Japón para una vida larga y feliz*, Barcelona: Urano, 2016].

creatividad para que puedan resolver los problemas más difíciles del mundo. Imaginad poder sacar lo mejor de vuestros amigos y familiares, o incluso de los desconocidos con los que os cruzáis en vuestra vida cotidiana. Luego imaginad que esa bondad sigue irradiando cuando nuestros hijos, amigos y familiares hacen lo mismo por las personas que los rodean. El método de las cinco formas de callarse no solo consigue que hablemos menos y nos sintamos mejor. Si lo siguiéramos un número suficiente de personas, podríamos hacer un mundo un poco mejor para todos.

08

Callarse en el amor

Mi mujer y yo fuimos a terapia de pareja durante años. Vimos a un tipo huraño de mediana edad que cobraba una fortuna, hacía que nos sentáramos juntos en un sofá y me decía que yo debía cocinar más. Vimos a un hombre mayor, dulce y de voz suave, que llevaba jerséis de punto y chaquetas de *tweed* Harris y decía que deberíamos tener citas y fines de semana románticos. Vimos a una mujer de sesenta y tantos años que llevaba pendientes de colgante y calcetines con sandalias y nos hacía practicar ejercicios de respiración, seguida de otra mujer de sesenta y tantos años con pendientes de colgante y calcetines con sandalias que nos dijo, rotundamente, que dejáramos de ir a terapia y rompiéramos de una vez.

Y eso hicimos. Así es como me encontré solo en una casa alquilada en los primeros días del confinamiento por covid, dándome cuenta de que casi todo lo malo que me había pasado, incluida la pérdida de mi familia, podría haberse evitado de haber sido capaz de callarme. Fue entonces cuando empecé a averiguar cómo conseguirlo.

Años de hablar con consejeros no nos habían ayudado en nada. De hecho, cuanto más hablábamos, peor iban las cosas. Lo que tenía que hacer era hablar menos, seguir el consejo de la difunta jueza del Tribunal Supremo Ruth Bader Ginsburg e intentar «ser un poco sordo». Gracias a esa política, RBG y su marido, Martin, disfrutaron de un matrimonio con el que la mayoría de nosotros solo soñamos, de esos que envejecen juntos y nunca se desenamoran. Fueron «cincuenta y seis años de matrimonio sin igual», según lo describió RBG.

Además de ser un poco sordo, también ayuda ser un poco mudo. Pero yo no tenía botón de silencio. No podía resistirme a decir lo que pensaba. Sin embargo, ahora que estaba solo, separado de mi mujer y de mis hijos, me empeñé en desarrollar uno. Me aferré a un consejo que mi psiquiatra me repetía como un mantra: «Siempre puedes no hablar». Cuando alguien hiere tus sentimientos, no tienes por qué responder. De hecho, nunca estás obligado a abrir la boca y hablar, en ninguna situación. Un ecologista llamado John Francis dejó de hablar durante diecisiete años y aun así consiguió terminar un doctorado y convertirse en Embajador de Buena Voluntad de la ONU.[1] No estoy sugiriendo que debamos llegar tan lejos; solo digo que es posible.

Empecé a trabajar en mi práctica diaria de callarme donde y cuando podía. En una demostración de la locura que se ha desatado con el tema de las terapias, alguien nos sugirió que habláramos con otro terapeuta de pareja no para salvar la relación, sino para aprender a gestionar nuestra ruptura. Pero lo último que necesitábamos era hacer terapia hablando. Lo que nos hacía falta era una terapia no verbal.

Seguíamos relacionándonos por nuestros hijos, pero intentábamos hacerlo con calma. A veces cruzábamos mensajes de texto enfadados y algunas llamadas telefónicas acababan con uno colgándole al otro, pero procurábamos seguir un segundo consejo de RBG: «Cuando se dice una palabra desconsiderada o poco amable, lo mejor es desconectar. Reaccionar con ira o enfado no hará avanzar nuestra capacidad de persuasión».

Los psiquiatras dicen que las parejas deben aprender a pelearse.[2] Yo digo que sería mejor aprender a no pelearse, como aconsejaba RBG. Mi mujer y yo ya no nos reprochábamos nada ni sacábamos trapos sucios. No hablábamos de los defectos del otro. Dejábamos pasar las cosas. Y empecé a desarrollar un botón de silencio. Con cierto temor, también empezamos a pasar tiempo a solas sin hablar demasiado. Era otro tipo de tratamiento silencioso, no el que solíamos infligirnos el uno al otro cuando estábamos enfadados. Sacábamos a pasear al perro por el bosque. Salíamos a cenar.

[1] «How Do Years of Silence Change Someone?», NPR, 21 de noviembre de 2014, https://www.npr.org/2014/11/21/364150411/how-do-years-of-silence-change-someone.

[2] Gary W. Lewandowski, «Most Couples Need to Fight More, Not Less—Here's Why and How to Do It», IDEAS.TED.com, 15 de abril de 2021, https://ideas.ted.com/most-couples-need-to-be-fighting-more-not-less-heres-why-and-how-to-do-it/.

Antes de entrar en el restaurante para reunirme con ella, me quedaba sentado en el coche, respiraba hondo y repasaba mis cinco formas de callarme. Durante la cena, escuchaba en lugar de hablar, hacía preguntas en lugar de soltar danálogos y dejaba que los silencios flotaran en la conversación. Me desafié a pasar toda la comida diciendo solo cosas que reflejaran lo que ella decía, sin tener un plan propio; cosas como «ajá» o «qué interesante».

No intentamos ponernos cariñosos ni reavivar la pasión de nuestros primeros días y volver a enamorarnos. A veces nos sentábamos y no decíamos nada. En mi época anterior me habría subido por las paredes. Ahora, sin embargo, en lugar de apresurarme a llenar el silencio había aprendido a soportar esa sensación de ansiedad hasta que se disipaba. Con el tiempo, la ansiedad se hizo más fácil de contener. Después de varios meses, dejamos de lado nuestras diferencias y volvimos juntos. No puedo prometeros que la terapia de no hablar funcione con vosotros. Pero ser «un poco sordo» funcionó para RBG y su marido, y también para nosotros. Vale la pena intentarlo.

Silencio, por favor

Nuestra ruidosa cultura cree en el habla. Resolvemos las cosas hablando. Aclaramos las cosas hablando. Discutimos hablando. ¿Y cómo nos va? Casi la mitad de las parejas casadas acude a terapia de pareja y, sin embargo, la mitad de los primeros matrimonios fracasa.[3] Los segundos y terceros matrimonios tienen tasas de fracaso aún más altas.[4] El veinticinco por ciento de las parejas que van a terapia termina peor que antes.[5] ¿Es eso un éxito?

---

[3] «Does Marriage Counseling Work? Your Questions Answered», OpenCounseling, 18 de mayo de 2022, https://www.opencounseling.com/blog/does-marriage-counseling-work-your-questions-answered.

[4] «Divorce Statistics and Facts: What Affects Divorce Rates in the U.S.?», Wilkinson and Finkbeiner, 3 de marzo de 2022, https://www.wf-lawyers.com/divorce-statistics-and-facts.

[5] Susan Gilbert, «Married with Problems? Therapy May Not Help», *New York Times*, 19 de abril de 2005, https://www.nytimes.com/2005/04/19/health/psychology/married-with-problems-therapy-may-not-help.html.

Parte del problema es que trabajar con parejas es difícil y la mayoría de los terapeutas no recibe una formación especializada, afirma William Doherty, psicólogo de la Universidad de Minnesota. «Desde el punto de vista del consumidor, acudir a terapia de pareja es como que te cure la pierna rota un médico que se saltó las clases de ortopedia», escribió en un artículo titulado «How Therapy Can Be Hazardous to Your Marital Health».[6] No obstante, el mayor problema podría ser simplemente que discutir delante de un psiquiatra es una mala idea. Puede que esas sesiones de cincuenta minutos no hagan más que reforzar los malos hábitos que ya hemos desarrollado.

Tres investigadores de la Universidad de Groninga, Países Bajos, descubrieron que las parejas se acercan más cuando pasan tiempo juntas en silencio.[7] La psicóloga Suzanne Phillips, que trabaja con parejas que se recuperan de un trauma, defiende el poder de «simplemente estar ahí», basándose en la idea de que centrarse en las señales no verbales conecta a las personas a un nivel que va más allá de su percepción consciente. Aconseja a las parejas que reserven tiempo para estar juntas en silencio y para hacer cosas como meditar, pasear por la naturaleza o ir en coche sin hablar.[8] «La capacidad de una pareja para guardar silencio sin dejar de estar unida refleja tanto su independencia como su vínculo», sugiere.

Quizá eso explique por qué las horas que mi mujer y yo dedicamos a la terapia no hablada lograron lo que años de costosa terapia conversacional nunca consiguieron: volvimos a estar juntos. Desde entonces, he seguido centrándome en callarme en casa, y eso ha marcado la diferencia.

---

[6] William Doherty, «Bad Couples Therapy», Psychotherapy Networker, 30 de diciembre de 2008, https://www.psychotherapynetworker.org/blog/details/369/bad-couples-therapy.

[7] Namkje Koudenburg, Ernestine H. Gordijn y Tom Postmes, «"More Than Words": Social Validation in Close Relationships», *Personality and Social Psychology Bulletin* 40, n.º 11 (2014), pp. 1517-1528, https://doi.org/10.1177/0146167214549945.

[8] Suzanne B. Phillips, «Post: Understanding the Sounds of Silence in Your Relationship», Couples After Trauma, 5 de febrero de 2010, https://couplesaftertrauma.com/2010/02/05/understanding-the-sounds-of-silence-in-your-relationship/.

Callar y enamorarse

En 1967 el psicólogo Arthur Aron desarrolló un hechizo mágico capaz de enamorar a dos desconocidos. Para invocar el hechizo, uno plantea al otro treinta y seis preguntas cada vez más personales. Luego viene lo más íntimo: una vez terminadas las preguntas, hay que mirarse fijamente a los ojos durante cuatro minutos sin hablar y el hechizo queda sellado. Están enamorados.

Aron, profesor de la Universidad Estatal de Nueva York en Stony Brook, no afirma que sea un método infalible que funcione con cualquiera.[9] Hay que tener cosas en común y sentir cierta atracción básica. Pero si es así, responder a las preguntas y mirarse fijamente «podría ser la guinda del pastel», afirma, añadiendo que puede ser lo más importante que hagamos en la vida.[10] «El amor es fundamental en la vida humana. La calidad de las relaciones es el mayor indicador de felicidad, más que la riqueza o el éxito. Y es un gran indicador de salud. La esperanza de vida depende más de la calidad de las relaciones que del tabaquismo o la obesidad».

El método de Aron funciona tan bien que otros investigadores lo utilizan en experimentos, llamándolo «tarea de iniciación a la intimidad en las relaciones».[11] Mandy Len Catron, profesora universitaria de escritura, utilizó el ejercicio de Aron con un conocido y acabó manteniendo una relación con él, una experiencia que describió en el *New York Times* y que más tarde convirtió en un libro, *How to Fall in Love with Anyone* (Cómo enamorarse de cualquiera).[12] Catron y su amigo se sentaron en un bar y, mientras tomaban unas cervezas, repasaron las preguntas de Aron. Según cuenta, las preguntas hicieron que los dos se volvieran cada vez

---

[9] Arthur Aron *et al.*, «The Experimental Generation of Interpersonal Closeness: A Procedure and Some Preliminary Findings», *Personality and Social Psychology Bulletin* 23, n.º 4 (1997), pp. 363-377, https://doi.org/10.1177/0146167297234003.

[10] UC Berkeley Campus Life, «The Science of Love with Arthur Aron», YouTube, 12 de febrero de 2015, https://www.youtube.com/watch?v=gVff7TjzF3A.

[11] Constantine Sedikides, «The Relationship Closeness Induction Task», *Representative Research in Social Psychology* 23 (1999), pp. 1-4, https://www.psychology.uga.edu/sites/default/files/RCITarticle1999.pdf.

[12] Mandy Len Catron, *How to Fall in Love with Anyone: A Memoir in Essays*, Nueva York: Simon and Schuster, 2018.

más vulnerables y a las pocas horas habían desarrollado un grado de intimidad que, en circunstancias normales, habría tardado meses en surgir. Después se quedaron en un puente mirándose a los ojos durante cuatro minutos, lo que Catron describe en su artículo del *New York Times* como «una de las experiencias más emocionantes y aterradoras de mi vida».[13] «Lo decisivo del momento no fue solo que realmente estaba viendo a alguien, sino que estaba viendo a alguien que realmente me estaba viendo a mí». Funcionó. Se enamoraron y empezaron una relación.

Es difícil decir qué es más importante, las preguntas o los cuatro minutos de silencio. Probablemente ninguno funcionaría sin el otro. Pero la mirada silenciosa de cuatro minutos tiene mucho poder en sí. Hace unos años, durante la crisis de los refugiados en Europa, Amnistía Internacional llevó a cabo un experimento en el que los refugiados se sentaban frente a los europeos y mantenían contacto visual silencioso durante cuatro minutos. El objetivo era ayudar a personas de distintos bandos a sentir empatía hacia el otro. Los resultados, mostrados en un vídeo de cinco minutos, me hicieron llorar.[14] La gente sonreía. Algunos lloraban. O reían. O se abrazaban. «Nada acerca tanto a la gente como cuatro minutos de contacto visual», declararon los organizadores.[15]

La fuerza del experimento no se debe únicamente al contacto visual, sino también al silencio. Es otro ejemplo de cómo la ausencia de palabras puede transmitir más que las palabras. Los participantes hablaron entre sí después de los cuatro minutos y sus conversaciones fueron intensas. Un hombre y una mujer parecían haberse enamorado y encaminarse hacia una relación. Sus cuatro minutos de silencio no habían sido cuatro minutos vacíos. Era un silencio activo. Se estaban comunicando y creaban una conexión más

[13] Mandy Len Catron, «To Fall in Love with Anyone, Do This», *New York Times*, 9 de enero de 2015, https://www.nytimes.com/2015/01/11/style/modern-love-to-fall-in-love-with-anyone-do-this.html.

[14] Upworthy, «How Would You React After Looking in the Eyes of a War Refugee?», YouTube, https://www.youtube.com/watch?v=ByBHbskgE&t=237s.

[15] Parker Molloy, «4 Minutes of Silence Can Boost Your Empathy for Others. Watch as Refugees Try It Out», Upworthy, 21 de octubre de 2021, https://www.upworthy.com/4-minutes-of-silence-can-boost-your-empathy-for-others-watch-as-refugees-try-it-out.

profunda y fuerte de lo que podrían haber conseguido hablando. El silencio no significa ausencia de comunicación, sino que puede estar cargado de significado. El mimo francés Marcel Marceau lo describió así: «La música y el silencio se combinan intensamente porque la música se hace con silencio y el silencio está lleno de música».

La regla 60-40

Michael Beatty, el profesor de comunicación que descubrió la causa de la adicción a hablar, imparte un curso en la Universidad de Miami llamado «Comunicación romántica»: básicamente, sobre el papel de la comunicación verbal y no verbal en las relaciones. Beatty habla de la dopamina y la serotonina, pero lo más importante que enseña a sus alumnos es cómo comunicarse en la primera cita para conseguir una segunda. Su curso siempre tiene un exceso de inscripciones.

Beatty dice que lo más importante es el equilibrio, que él describe como la regla 60-40. «Para que una cita salga bien, ninguno de los dos debe hablar más del sesenta por ciento del tiempo ni menos del cuarenta». Si hablas todo el tiempo, el otro se siente abrumado. Pero si te quedas callado sin decir nada, toda la carga recae en la otra persona. «No funcionará en ninguno de los dos casos», me dijo.

Parece que, en lo que respecta a las citas, los bocazas están condenados al fracaso o al menos operan en una situación de extrema desventaja. A los poco habladores les va mejor a la hora de atraer al sexo opuesto, quizá porque su parquedad de palabras exuda confianza. Beatty pone como ejemplo a James Bond. Independientemente de quién lo interprete, Sean Connery o Daniel Craig, Bond es un hombre de pocas palabras. «Las respuestas cortas son mejores que las largas, y una sola palabra es ideal. Pero no se trata solo de que Bond responda de forma escueta, sino de la expresión facial además de la respuesta escueta. Bond rara vez enseña los dientes». Beatty dice que eso es cosa de primates. Enseñar los dientes es señal de sumisión. «Tom Cruise es todo dientes, por eso las mujeres no lo ven como un alfa. Lo ven como un niño».

Pero ¿qué pasa con la regla 60-40?, pregunté. James Bond habla mucho menos del cuarenta por ciento y, sin embargo, las mujeres no se le resisten. ¿Cómo se sale con la suya?

Beatty ofrece una explicación sencilla: «Él es James Bond. Tú no».

Cómo hablar mejor

Otra forma de aumentar vuestras posibilidades de conseguir una segunda cita: haced preguntas. Alison Wood Brooks, profesora de la Harvard Business School, estudia el arte de la conversación en contextos empresariales, pero uno de sus experimentos consistió en estudiar las citas rápidas. Brooks imparte un curso llamado How to Talk Gooder (Cómo hablar mejor) y promueve una práctica conversacional que denomina «TALK», abreviatura de «Topic selection, Asking questions, Levity y Kindness» (selección de temas, formulación de preguntas, ligereza y amabilidad).[16] Ser capaz de «hablar mejor» puede ayudar a los estudiantes del máster en Administración de Empresas a abrirse camino hasta lo más alto de la escala empresarial. Pero los métodos de Brooks también pueden ayudarnos a encontrar pareja.

Brooks y otros investigadores de Harvard estudiaron los resultados de un experimento de citas rápidas en el que los estudiantes de posgrado entraban en un auditorio y mantenían veinte citas rápidas de cuatro minutos. Después les preguntaban si volverían a tener una segunda cita con cada una de las personas que habían conocido. Las personas que habían hecho más preguntas en sus citas de cuatro minutos recibían más ofertas de una segunda cita. «De hecho, hacer una sola pregunta más en cada cita significaba que los participantes convencían a una persona más (en el transcurso de veinte citas) para que volviera a salir con ellos», explicó Woods en un artículo de *Harvard Business Review*.[17]

---

[16] Alison Wood Brooks, Faculty and Research, Harvard Business School, https://www.hbs.edu/faculty/Pages/profile.aspx?facId=684820.

[17] Alison Wood Brooks y Leslie K. John, «The Surprising Power of Questions», *Harvard Business Review*, mayo-junio de 2018, https://hbr.org/2018/05/the-surprising-power-of-questions.

En otro estudio, los investigadores de Harvard organizaron quince conversaciones en línea de un minuto de duración para los sujetos de prueba, indicando a algunos que hicieran nueve o más preguntas y a otros que no hicieran más de cuatro. Una vez más, las personas que hicieron más preguntas gustaron más a sus interlocutores.

Sin embargo, hay límites. Hacer demasiadas preguntas resulta contraproducente, ya que vuestra pareja puede sentirse abrumada. Conseguir el equilibrio adecuado, dominar la habilidad de preguntar y escuchar, puede ser esencial para encontrar a la persona de vuestros sueños.

La regla 7-38-55

Otra cosa que hay que recordar cuando hablamos con alguien es que las palabras transmiten muy poco de lo que queremos decir: únicamente alrededor del siete por ciento, según las investigaciones realizadas hace medio siglo por Albert Mehrabian, psicólogo de la Universidad de California en Los Ángeles. El resto lo transmiten el tono de voz y el lenguaje corporal: treinta y ocho y cincuenta y cinco por ciento, respectivamente, según la regla 7-38-55 de Mehrabian.[18]

Mehrabian explicó la regla 7-38-55 en su libro de 1971 *Silent Messages* (Mensajes silenciosos)[19] que ha utilizado todo el mundo, desde *coaches* de empresas hasta negociadores de rehenes del FBI, como Chris Voss. Voss sugiere que se puede obtener mucha información de las señales no verbales y buscar incoherencias o discordancias entre lo que se dice y lo que se transmite con el lenguaje corporal, es decir, mensajes contradictorios.

Mehrabian llegó a sus resultados haciendo que los estudiantes escucharan grabaciones de palabras como *cariño*, *quizá* y *bruto* pronunciadas en tres tonos diferentes —«agrado», «neutro» y

---

[18] «How to Use the 7-38-55 Rule to Negotiate Effectively», MasterClass, https://www.masterclass.com/articles/how-to-use-the-7-38-55-rule-to-negotiate-effectively#how-to-use-the-73855-rule-to-negotiate-effectively.

[19] Albert Mehrabian, *Silent Messages*, Belmont (California): Wadsworth Publishing, 1971.

«desagrado»— mientras miraban fotos que pretendían transmitir los mismos tres estados emocionales. Descubrió que las imágenes visuales transmitían mejor el significado.

Los métodos de investigación de Mehrabian han recibido críticas, y el propio psicólogo ha afirmado en ocasiones que sus resultados se malinterpretaban y se sacaban de contexto.[20] Se puede discrepar con las cifras —quizá deberían ser 10-20-70 o 30-20-50—, pero es difícil descartar la idea general de que las señales no verbales transmiten más que las palabras.

El principio 7-38-55 nos proporciona una poderosa herramienta para comunicarnos con nuestra pareja, tanto para entender lo que realmente intenta decirnos o esconder como para asegurarnos de que nos estamos comunicando con claridad. Si nuestra pareja utiliza más palabras de las necesarias o habla de forma más enfática de lo habitual cuando explica dónde estuvo anoche, quizá sea necesario investigar más a fondo. Para conseguirlo hay que adoptar la disciplina del silencio y dejar que el interlocutor hable la mayor parte del tiempo. Sentaos, haced preguntas, dejad largas pausas y, lo más importante, observad. Fijaos en su lenguaje corporal. Escuchad su tono de voz. Mantened un tono comedido y controlado. Mostrad una actitud abierta y directa con vuestro lenguaje corporal. No interroguéis. No discutáis ni preguntéis. Cuanto menos habléis, más sabréis.

En situaciones menos polémicas —en conversaciones cotidianas o, por ejemplo, en una charla íntima sobre la relación y vuestros sentimientos— la regla 7-38-55 debe ocupar el primer plano. Las palabras son importantes, pero no tanto como creemos, y no necesitamos muchas. Hay que concentrarse en el tono del discurso. Si mostramos estridencia o un exceso de asertividad, crearemos obstáculos que harán menos probable que nuestro interlocutor entienda lo que decimos. Pensad en vuestro lenguaje corporal. Mantened el contacto visual y una expresión facial neutra. Mostrad una postura abierta.

---

[20] «Albert Mehrabian», British Library, s. f., https://www.bl.uk/people/albert-mehrabian#:~:text=Drawing%20on%20the%20combined%20findings,liking%20%2B%2055%25%20facial%20oliking.

Cuidado con los cuatro jinetes

La forma de hablar está tan vinculada con el éxito de una relación que los psiquiatras pueden saber, con solo escuchar su conversación, si una pareja se divorciará. John Gottman, psicólogo de la Universidad de Washington, desarrolló un método que predecía con casi un noventa por ciento de exactitud si una pareja de recién casados acabaría divorciándose, basándose en la forma en que se hablaban.[21]

Su trabajo comenzó con un estudio en el que entrevistó a cincuenta y dos parejas casadas y observó su comportamiento mientras respondían a preguntas sobre la historia de su relación. A partir de estas conversaciones, Gottman predijo qué parejas creía que se romperían.[22] Tres años después, sus predicciones fueron casi exactas.

En cuanto logró predecir qué parejas se separarían estudiando la forma en que se comunicaban entre sí, Gottman pudo enseñarles a «hablar mejor» para que no se divorciaran o al menos tuviesen más posibilidades de seguir juntas. Así nació el Método Gottman de Terapia Conyugal, que se convertiría en el Instituto Gottman. Gottman es autor o coautor de cuarenta libros.[23] Hay toda una industria en torno a sus ideas, y muchos de sus consejos se refieren a cómo aprender a callarse.

Entre las parejas que acaban divorciándose, Gottman identificó cuatro formas negativas de interactuar, a las que llamó los «cuatro jinetes»: crítica, desprecio, actitud defensiva y evasiva. El desprecio es la peor y evoluciona a partir de las otras tres. Gottman habla de «desbordamiento», la sensación de sentirse abrumado por el desprecio o la crítica de la pareja.

Gottman cree en la terapia conversacional y está firmemente a favor de «aprender a discutir». Aunque no soy un fan de «hablar

---

[21] «John Gottman», Wikipedia, https://en.wikipedia.org/wiki/John_Gottman#The_Gottman_Method_of_Relationship_Therapy.

[22] K. T. Buehlman, J. M. Gottman y L. F. Katz, «How a Couple Views Their Past and Predicts Their Future: Predicting Divorce from an Oral History Interview», *Journal of Family Psychology* 5, n.os 3-4 (1992), pp. 295-318, https://doi.org/10.1037/0893-3200.5.3-4.295.

[23] «A Research-Based Approach to Relationships», Gottman Institute, 19 de mayo de 2022, https://www.gottman.com/.

las cosas», hay aspectos del enfoque de Gottman que tienen sentido, como la noción de que cuando empezamos a sentirnos desbordados, debemos callar y retirarnos.

Darnos un descanso de veinte minutos. Hacer algo que nos tranquilice. Pasear. Tomarnos un tiempo para calmarnos y tranquilizarnos quizá nos convenza de que no hace falta mantener esa conversación. Y en caso de querer reanudarla, estaremos de mejor ánimo para hacerlo con calma.[24] Además, cuando seamos capaces de calmarnos, podremos calmar a nuestra pareja. Si nuestra pareja nos devuelve el favor, acabaremos desarrollando un círculo virtuoso.

Gottman habla de «arranques duros» y «arranques suaves» para describir la forma en que se inicia una conversación. Si empezamos la conversación con sarcasmo o negatividad, las cosas no irán bien.[25] Entrar con suavidad significa utilizar algunas estrategias del arte de callarse, como mantener la voz baja, dejar silencios, hablar despacio y con intención, utilizar pocas palabras e intentar escuchar.

Otros consejos de Gottman: dejad pasar las cosas. No podéis resolverlo todo, así que ¿para qué molestarse? Algunas cosas simplemente están ahí, y ahí se van a quedar. Tal vez nuestra pareja sea una persona que guarda todos los utensilios de cocina (batidora, licuadora, olla de cocción lenta, arrocera, tostadora, hervidor, tablas de cortar) en la encimera aunque algunos apenas se usen y hagan que nuestra pequeña cocina parezca desordenada; el desorden nos crispa, pero cuando guardamos estas cosas, nuestra pareja las saca y vuelve a dejarlas en la encimera. (Imaginad de dónde he sacado este ejemplo). Es un problema que no vamos a resolver. ¿Queremos divorciarnos por eso?

Hay que aprender a llegar a compromisos mutuos y aprender lo que eso significa: «El compromiso no consiste en que una persona

---

[24] Ellie Lisitsa, «The Four Horsemen: Criticism, Contempt, Defensiveness, and Stonewalling», Gottman Institute, 11 de mayo de 2022, https://www.gottman.com/blog/the-four-horsemen-recognizing-criticism-contempt-defensiveness-and-stonewalling/.

[25] Joseph Klemz, «How Dr. Gottman Can Predict Divorce with 94% Accuracy», Real Life Counseling, 31 de julio de 2018, https://reallifecounseling.us/predict-divorce-gottman/#:~:text=One%20of%20the%20reasons%20Dr,makes%20at%20de%2 Descalating%20tension.

cambie. Se trata de negociar y descubrir formas de adaptarse el uno al otro. Y eso es imposible si no se aceptan los defectos de nuestra pareja», aconseja el Instituto Gottman.[26]

Practicad para hacer caso omiso del desorden de vuestra cocina. Aprended a ser un poco ciegos y un poco sordos. Recordad que tenéis que callaros.

Enséñate a parar

Jon Kabat-Zinn se doctoró en Biología Molecular en el Instituto Tecnológico de Massachusetts, pero luego estudió budismo y acabó convirtiéndose en profesor de *mindfulness* y fundador de la Clínica de Reducción del Estrés de la Facultad de Medicina de la Universidad de Massachusetts.[27] Kabat-Zinn desarrolló una técnica llamada «STOP» que se ha extendido en la práctica de la terapia cognitivo-conductual y funciona muy bien en las relaciones.[28] Puede ayudaros a callar cuando estéis a punto de decir algo que os traerá problemas o de lo que luego os arrepentiréis.

STOP significa:

→ *Para*: haced una pausa en lo que estéis haciendo; lo que vayáis a decir, no lo digáis.
→ *Respira*: respirar os ancla emocionalmente.
→ *Observa*: ¿qué ocurre en vuestro interior? ¿Cómo os sentís físicamente, en vuestro cuerpo? ¿Por qué os sentís así?
→ *Procede*: si seguís pensando que es importante o necesario hablar, hacedlo con intención y atención. Pero tal vez podáis dejarlo pasar, quizá no haga falta transmitir esa idea.

---

[26] Kyle Benson, «5 Steps to Fight Better If Your Relationship Is Worth Fighting For», Gottman Institute, 3 de febrero de 2021, https://www.gottman.com/blog/5-steps-to-fight-better-if-your-relationship-is-worth-fighting-for/.

[27] Mindful Staff, «Jon Kabat-Zinn, Advisory Board Member», Mindful, 12 de julio de 2018, https://www.mindful.org/jon-kabat-zinn-advisory-board-member/.

[28] «Mindfulness STOP Skill», Cognitive Behavioral Therapy Los Angeles, 26 de marzo de 2022, https://cogbtherapy.com/mindfulness-meditation-blog/mindfulness-stop-skill.

Este pequeño ejercicio es de una sencillez ridícula, pero también de una dificultad endiablada. Aprender a frenar requiere disciplina y práctica. Sin embargo, en el año y medio transcurrido desde que mi mujer y yo volvemos a estar juntos, me ha salvado más veces de las que me gustaría admitir.

La regla del semáforo

Según Marty Nemko, psicólogo, orientador profesional y presentador de la radio pública NPR, la gente deja de prestarnos atención al cabo de tan solo treinta segundos. Así que cuando tomamos un café con esa persona con la que acabamos de hacer *match* en Tinder, no basta con ceñirse a la regla 60-40 y equilibrar la conversación entre los dos. También tenemos que dividir nuestros comentarios en fragmentos más pequeños.

Con este fin, Nemko desarrolló la regla del semáforo. Durante los primeros treinta segundos tenemos luz verde y podemos hablar; pero a los treinta segundos el semáforo se pone ámbar. La atención de nuestro interlocutor ha empezado a desviarse o, peor aún, quizá espera que terminemos. Se puede pasar el semáforo en ámbar, pero procediendo con cautela y solo después de leer la expresión facial y el lenguaje corporal de la otra persona. Si tiene los ojos vidriosos, pasadle el testigo.

Al cabo de un minuto, el semáforo se ha puesto rojo. Nuestra cita de Tinder ha dejado de escucharnos y está mirando a otra persona del fondo de la cafetería. Si seguimos hablando mucho más, sacará su teléfono y abrirá su aplicación de Tinder para ver con quién más ha hecho *match*.

«En raras ocasiones hay que "saltarse un semáforo en rojo": cuando es evidente que el oyente está totalmente entregado —aconseja Nemko—.[29] Sin embargo, por regla general cuando un discurso dura más de un minuto, con cada segundo que pasa aumentamos el riesgo de aburrir al oyente y de que piense que somos un charlatán, un bocazas o un fanfarrón».

---

[29] Marty Nemko, MartyNemko.com, s. f., https://martynemko.com/articles/do-you-talk-too-much_id1371.

Nemko sugiere parar a los treinta segundos para ver si nuestra pareja quiere oír más. Si es así, preguntará. Pero rara vez lo hacen. Si tenemos que explicar algo que dura más de un minuto, Nemko recomienda dividirlo en secciones de treinta segundos y detenerse al final de cada sección para hacer una pregunta: «¿Me explico bien? ¿Qué opinas?».

Según Mark Goulston, amigo y colega de Nemko y también defensor de la regla del semáforo, la desconexión de treinta segundos tiene una explicación científica, relacionada con la neurofisiología y las hormonas. Goulston, psiquiatra y autor de *¡Solo escucha! Descubre el secreto de impactar positiva y totalmente en quien quieras*, dice que cuando empezamos a hablar, nuestro cerebro se baña en dopamina, la hormona del bienestar. Y no queremos que eso se acabe. El resultado es lo que Goulston llama sordera de impulso: «Cuando estamos en racha, se nos taponan los oídos».[30]

El problema es que mientras generamos dopamina, provocamos que la otra persona produzca cortisol, la hormona del «lucha o huye» que le hace sentirse estresada y resentida. Pensad en cómo os sentís cuando alguien se alarga demasiado en una conversación. Empezamos a notar ansiedad, incluso claustrofobia. Queremos escapar. Y, más importante si cabe: prestad atención a lo rápido que empezamos a notar esa sensación. Como dice Nemko, probablemente ocurra en menos de treinta segundos, y desde luego en menos de un minuto. El problema es que el tiempo tiene un efecto curioso cuando hablamos. Treinta segundos parecen tres segundos cuando hablas, pero tres minutos cuando escuchas.

Consejo profesional: practicad con un reloj inteligente. Programad un temporizador para que os vibre en la muñeca cuando hayáis alcanzado los treinta segundos o los sesenta segundos. Empezad en las llamadas telefónicas o durante una sesión de Zoom, para que la otra persona no pueda veros mirando el dispositivo. Pero también es posible ponerlo en práctica en persona sin llamar mucho la atención, pulsando discretamente un botón. Pasado un

---

[30] Mark Goulston, «HBS—Just Listen», Mark Goulston, 12 de febrero de 2016, https://markgoulston.com/how-well-do-you-listen-harvard-business-school-seems-to-think-not-well-enough/.

tiempo, sabremos cuánto duran treinta o sesenta segundos y no hará falta el temporizador. También se puede utilizar un temporizador para ver cuánto tardamos en empezar a sentirnos molestos cuando otra persona está hablando. Incluso es posible cuantificar el nivel de molestia registrando nuestra frecuencia cardiaca.

Nemko admite que la concisión no es fácil, pero subraya que atenerse a la regla del semáforo no es una cuestión de generosidad ni cortesía. No ayudamos a la otra persona, sino a nosotros mismos: «Tienes más probabilidades de conseguir lo que quieres si cambias tu yo hablador por alguien que realmente escucha tanto como habla».

Por si sirve de algo, la regla del semáforo también se aplica a los perfiles de Tinder. Sean Rad, su fundador, aconseja cómo crear el perfil perfecto: «Que sea breve y bonito», dijo a *GQ*.[31] «Nadie empieza a deslizar el dedo en busca de una novela. Por algo tenemos un límite de quinientos caracteres».

Esos quinientos caracteres equivalen a algo más de cien palabras. Se tarda poco más de veinte segundos en leerlos. Lo mejor es no sobrepasar dicho límite. La idea es captar el interés de la otra persona y guardarse algo que dé pie a mantener una conversación en persona. Cuando la mantengáis, recordad la regla del semáforo y callaos.

---

[31] «Tinder Founder Sean Rad's Top Tips for the Perfect Profile», *British GQ*, 15 de marzo de 2019, https://www.gq-magazine.co.uk/article/tinder-perfect-profile-sean-rad#:~:text=We%20have%20a%20500%2Dcharacter,not%20give%20too%20much%20away.

09

Callarse da poder

Si trabajáis en Condé Nast y enviáis un correo electrónico a Anna Wintour para quejaros de un colega, la editora de *Vogue* y jefa de contenidos de todas las revistas de Condé Nast hará una jugada brutal: en lugar de responder, enviará vuestro correo a la persona de la que os habéis quejado.[1] Supongo que nadie comete este error dos veces. Además, Wintour nunca pone una línea de asunto en un correo electrónico.[2] ¿Para qué perder el tiempo?

Jeff Bezos, fundador de Amazon, emplea el «método Bezos del interrogante». Si alguien de dentro o fuera de la empresa le envía una queja por correo electrónico, él reenvía el mensaje a la persona responsable, añadiendo un solo carácter: «?».[3] El personal vive aterrado por si recibe un correo con un signo de interrogación de su exigente jefe.

Esto es poder silencioso. Bezos y Wintour no necesitan alzar la voz. No necesitan hablar. Les basta con hacer clic y la gente tiembla. Claro que ayuda que ambos ya sean poderosos y den miedo. Practican el método «reinado del terror» y tienen una habilidad sobrehumana para hacer llorar a la gente. También cultivan un

---

[1] Shana Lebowitz y May Teng, «Anna Wintour's Strategy for Using Email to Get People to Confront Issues Sounds Terrifying—and Effective», *Business Insider*, 17 de diciembre de 2020, https://www.businessinsider.com/boss-people-management-advice-empower-employees-vogue-anna-wintour.

[2] Amy Odell, *Anna: The Biography*, Nueva York: Gallery Books-Simon and Schuster, 2022, p. 3.

[3] Jeffrey Dastin, «With Bezos Out as Amazon CEO, Is This the End of His Ominous Question-Mark Emails?», Reuters, 3 de febrero de 2021, https://www.reuters.com/article/us-amazon-com-bezos/with-bezos-out-as-amazon-ceo-is-this-the-end-of-his-ominous-question-mark-emails-idUSKBN2A32Z8.

aspecto de villano de Bond. Wintour es británica, lleva tallas grandes y gafas de sol, y quizá tenga una segunda fila de dientes afilados como cuchillas. Su crueldad y su brutalidad son legendarias. Lo mismo ocurre con Bezos, que insulta a los altos ejecutivos y, pese a tener un patrimonio neto de más de 100.000 millones de dólares, al parecer ha dicho a los empleados que deberían *pagarle* por trabajar en Amazon.[4] Bezos, un empollón tímido antes de hacerse multimillonario, se ha transformado en el Doctor Maligno: cabeza rapada, superyates, naves espaciales fálicas, chaquetas de cuello Mao.

Incluso a inicios de su carrera, cuando hacía trabajos básicos a los veinte años, Wintour destacaba por hablar muy poco; como su padre, un poderoso editor de periódicos de Londres. En las cenas siempre guardaba silencio. «El poder de Anna en aquellos días, como asistente de moda, estaba en su silencio», recordó un conocido a Amy Odell, autora de *Anna: The Biography*.[5] Otro se maravillaba del «silencio tipo gato de Cheshire de Wintour. Sabías que le pasaban muchas cosas por la cabeza, pero no las transmitía». De camino a una reunión, Wintour no decía palabra, lo que hizo que un colega le preguntara: «¿No hablas?». Wintour: «Hablo con mis amigos».

Bezos y Wintour utilizan el silencio no para obtener poder —ya tienen todo el que necesitan—, sino para mantenerlo. Entienden algo importante: el silencio es poder y el poder es silencio. Hablar es despilfarrar poder. Es como empezar con las pilas completamente cargadas e ir agotándolas con cada palabra. «Las personas poderosas impresionan e intimidan diciendo menos», afirma Robert Greene en *Las 48 leyes del poder*, su manual sobre cómo obtener poder y utilizarlo en beneficio propio. «Cuanto más dices, más vulgar pareces». La tercera de las cuarenta y ocho leyes de Greene: «Oculta tus intenciones». La cuarta: «Di siempre menos de lo necesario».

---

[4] Pauli Poisuo, «The Dark Truth About Amazon Founder Jeff Bezos», Grunge, 18 de mayo de 2022, https://www.grunge.com/143621/the-dark-truth-about-amazon-founder-jeff-bezos/.

[5] Odell, *Anna*, capítulo 4.

Cuanto menos dices más misterioso te vuelves, y el misterio es poderoso. Andy Warhol se negaba a explicar sus cuadros y volvía locos a los entrevistadores con respuestas extrañas y evasivas. Apareció en *The Merv Griffin Show* y solo se comunicó con movimientos de cabeza, susurros y monosílabos. Era imposible apartar la mirada de él. «Aprendí que tienes más poder cuando te callas», decía Warhol.[6]

Las personas poderosas siempre hablan menos que quienes las rodean. Por eso no existe el tipo fuerte y hablador. A los que hablan demasiado se los percibe como débiles, incompetentes e inseguros, mientras que los parcos de palabras dan la impresión de ser fuertes, misteriosos y seguros de sí mismos. Pensad en la diferencia entre Clint Eastwood como Harry el Sucio y Jim Carrey como Ace Ventura. Los dos son detectives, pero uno es un tipo formidable y el otro es un payaso. Uno se relaciona con mujeres y el otro vive con un mono llamado Spike.

Aunque no aspiremos a ser un detective de San Francisco que se toma la justicia por su mano mientras empuña la pistola más potente del mundo, ni la tiránica directora de una revista de moda que intimida a sus subordinados, ni un multimillonario tecnológico que lleva cohetes al espacio, necesitamos poder. Así es como sobrevivimos. Así ejercemos control sobre el mundo que nos rodea, desde las pequeñas cosas cotidianas hasta las decisiones trascendentales que pueden cambiarnos la vida. Nuestros cerebros anhelan la sensación de control y temen la sensación de impotencia.[7] Esa sensación es la que enloqueció a tanta gente durante el confinamiento por la pandemia.

Sin embargo, sin siquiera darnos cuenta, la mayoría derrochamos constantemente nuestro poder de formas grandes y pequeñas. Pensad en alguna metedura de pata importante en vuestra

---

[6] Nora McGreevy, «Hear an A.I.-Generated Andy Warhol "Read" His Diary to You in New Documentary», *Smithsonian Magazine*, 10 de marzo de 2022, https://www.smithsonianmag.com/smart-news/an-ai-generated-andy-warhol-reads-his-diary-to-you-in-new-documentary-180979658/.

[7] David Robson, «How to Restore Your Sense of Control When You Feel Powerless», BBC Worklife, https://www.bbc.com/worklife/article/20201209-how-to-restore-your-sense-of-control-when-you-feel-powerless.

vida —esas cosas de las que te avergüenzas al recordarlas, algo de lo que te arrepientes o que desearías poder enmendar— y, por lo general, de una forma u otra, el problema empezó porque derrochamos nuestro poder. Perdimos el control. Renunciamos a nuestra ventaja. No nos callamos.

Luis XIV era charlatán por naturaleza, pero se entrenó para callarse y así poder ejercer poder sobre la gente que lo rodeaba. Al permanecer en silencio y dejar hablar a los demás, Luis lo sabía todo de ellos, mientras que los demás nunca supieron qué pensaba. «El silencio de Luis mantenía aterrorizados y bajo su control a quienes lo rodeaban. Era una de las bases de su poder», escribe Greene.

La concisión transmite poder

He aquí el secreto de una comunicación poderosa: cuantas menos palabras utiléis, más impacto tendrá cada una de ellas. El discurso del presidente John F. Kennedy en el Muro de Berlín —«*Ich bin ein Berliner*»— duró menos de diez minutos. El discurso del «Día de la infamia» de Franklin Delano Roosevelt duró seis minutos y medio. El «Nunca te rindas» de Winston Churchill duró cuatro. Seguro que podemos llevar a cabo nuestra reunión matinal en menos tiempo del que tardaron esos líderes en despertar a naciones enteras.

Un buen punto de partida es el correo electrónico. Los poderosos no pueden perder tiempo explayándose por correo. La misma regla se aplica a las reuniones: que sean breves y poco concurridas. Cuantos menos correos se envíen, menos palabras se utilizarán y más poderosos pareceremos.

El gurú del *marketing* Guy Kawasaki dice que el correo electrónico perfecto contiene cinco frases.[8] Está bien usar menos, pero nunca más. Escribir correos largos acaba con nuestra productividad

---

[8] Drake Baer, «Why Every Email Should Be 5 Sentences Long», Fast Company, 26 de julio de 2013, https://www.fastcompany.com/3014857/why-every-email-should-be-5-sentences-long.

y agobia al destinatario. Según McKinsey, el trabajador medio pasa el veintiocho por ciento de su jornada leyendo correos electrónicos.[9] ¿Para qué aumentar ese mar de basura?

Tina Brown, exeditora del *New Yorker*, era casi tan aterradora como Anna Wintour. Durante una época ambas competían para ver quién era más mala dentro de Condé Nast, un lugar tan malvado que la gente lo llamaba «Condé Nasty». Como Wintour, Brown era experta en el arte de transmitir sensación de poder. Parte de su leyenda entre el personal fue un memorable (y posiblemente apócrifo) mensaje de texto que envió a un editor preguntándole por un autor llamado Nathaniel Fick. Su pregunta era sencilla: «¿Quién coño es Fick?».

Los correos cortos demuestran que estamos ocupados y sabemos lo que hacemos. Los largos y farragosos dan la impresión de que no lo sabemos, que no hemos pensado las cosas lo suficiente y que no respetamos el tiempo de los demás.

Prueba la regla del cincuenta por ciento. Escribe el correo electrónico, cuenta las palabras y vuelve a escribirlo con la mitad. Se tarda más en escribir un correo más conciso, pero el mensaje tendrá más impacto. Cuanto más breve sea el mensaje, más probabilidades hay de que lo lean. Y tened esto presente: el discurso de Gettysburg de Lincoln tenía 272 palabras. ¿Vuestra actualización del nuevo plan de *marketing* realmente merece más?

El número ideal de palabras para un correo electrónico es cero. Es decir: no enviar ninguno. Y cuando alguien nos envía un mensaje, no siempre es necesario responder. En palabras de David Byrne: «Cuando no tengo nada que decir, mis labios están sellados». Y podemos conseguirlo mucho más a menudo de lo que cabe imaginar.

Steve Jobs dijo que estaba tan orgulloso de los productos que no hacía como de los que hacía. Lo mismo pienso de los mensajes y correos electrónicos que no envío.

---

[9] Matt Plummer, «How to Spend Way Less Time on Email Every Day», *Harvard Business Review*, 29 de octubre de 2020, https://hbr.org/2019/01/how-to-spend-way-less-time-on-email-every-day.

El efecto Streisand

En 2003 la actriz y cantante Barbra Streisand demandó a un fotógrafo que había publicado fotos aéreas de su finca de Malibú en su sitio web. Streisand alegó que las fotografías invadían su intimidad y exigió al fotógrafo que las retirara. Pero el tiro le salió por la culata. De pronto, cientos de miles de personas que nunca se habían preguntado dónde vivía Barbra Streisand decidieron visitar el sitio web para ver las fotos. Sus esfuerzos atrajeron más atención hacia lo que ella quería ocultar, un fenómeno que desde entonces se conoce como «efecto Streisand».

La lección: cuando se gestiona un conflicto, el silencio es a veces la mejor solución, y cualquier cosa que digamos o hagamos disipará nuestro poder en lugar de aumentarlo. Cuanto más hablamos, más débiles nos volvemos. ¿Os ha parado la policía? Decid lo menos posible. Hablar no supone ninguna ventaja. Aunque no nos lean nuestros derechos, todo lo que digamos puede y probablemente será utilizado en nuestra contra. ¿Os humillan en Internet? Callad. En 2018, un restaurante de Virginia fue atacado tras negarse a servir a Sarah Huckabee Sanders, secretaria de prensa del presidente Donald Trump. La copropietaria del restaurante, una amiga mía, quiso defenderse, pero decidió que la mejor manera de gestionar la crisis era mantener un silencio sepulcral. No fue fácil —es una luchadora—, pero su negativa a hablar le dio poder. Un año después del incidente, el negocio iba viento en popa.

A veces, los abogados astutos obtienen poder sobre sus oponentes negándose a responder a los mensajes de la otra parte. En determinadas situaciones no hay nada que se pueda decir mejor que no decir nada. Bret Rappaport, abogado, insta a los letrados a usar el «silencio elocuente» cuando se comunican con la parte contraria; negarse a responder puede decir mucho. Rappaport cita al lingüista William Samarin, uno de los primeros académicos que consideraron el silencio como algo más que un espacio vacío.[10]

---

[10] Bret Rappaport, «"Talk Less": Eloquent Silence in the Rhetoric of Lawyering», *Journal of Legal Education* 67, n.º 1 (2017), pp. 286-314, https://www.jstor.org/stable/26453545.

Samarin escribió: «El silencio puede tener significado. Como el cero en matemáticas, es una ausencia con una función». O, como dijo el famoso Che Guevara: «El silencio es un argumento llevado a cabo por otros medios».

Siete, el número mágico

Los comunicadores poderosos no solo utilizan menos palabras, sino que también dividen el flujo de palabras en pequeños fragmentos separados por pausas para aprovechar el funcionamiento de nuestro cerebro.

Hace más de medio siglo el psicólogo de Harvard George Miller publicó uno de los artículos más famosos de la historia de este campo, titulado «The Magical Number Seven, Plus or Minus Two: Some Limits on Our Capacity for Processing Information» (El número mágico siete, más o menos dos. Algunos límites de nuestra capacidad para procesar información). Miller determinó que nuestro cerebro retiene entre cinco y nueve piezas de información a la vez en la memoria a corto plazo y que descompone cadenas de palabras o números en fragmentos. Si seguimos la ley de Miller —«siete más o menos dos»—, nuestras palabras tendrán más impacto. Hay que hablar por partes y haciendo pausas. Un vídeo del presidente Barack Obama mientras da un discurso es una buena demostración. No es necesario hacer grandes pausas como hace Obama cuando habla ante miles de personas. Podemos ser más sutiles. Una de las ventajas de añadir esas pausas es que nos brinda la oportunidad de evitar decir algo de lo que luego nos arrepintamos y de poner más intención en lo que decimos en lugar de hablar en plan ametralladora.

Presidenta ejecutiva contra tiburón financiero

Indra Nooyi fue una de las mejores presidentas ejecutivas de una gran empresa de las dos últimas décadas. Siempre que alguien hace una de esas listas de las mujeres más poderosas del mundo,

Nooyi está allí, por lo general cerca de los primeros puestos. Sin embargo, lo más probable es que no hayáis oído hablar de ella. Eso se debe, en parte, a que en lugar de dirigir una de las grandes empresas tecnológicas de Silicon Valley, Nooyi dirigió PepsiCo. Pero también se explica porque, a diferencia de los mandamases de Silicon Valley, Nooyi se esforzó por pasar desapercibida.

PepsiCo no tiene el *sex appeal* de las redes sociales y los coches autónomos, pero es un enorme conglomerado mundial que genera 80.000 millones de dólares en ventas anuales, más que Tesla y Twitter juntos. PepsiCo posee o ha poseído docenas de otras marcas, como Taco Bell, Pizza Hut, KFC, Frito-Lay, Tropicana, Quaker Oats y Gatorade. Es una organización enormemente compleja, con más de cien años de antigüedad, que emplea a 270.000 personas cuyo sustento depende de que su presidente tome buenas decisiones.

Hacerse cargo de una empresa de Fortune 500 es un reto monumental para cualquiera, pero las mujeres que escalan esa montaña se enfrentan a desafíos adicionales. En 2006, cuando Nooyi tomó las riendas de PepsiCo, solo diez empresas de las quinientas más poderosas según la revista Fortune tenían una mujer como directora general. En el conjunto de Fortune 1000 solo había veinte.

Nooyi no es dada a promocionarse. No rehúye a la prensa, pero tampoco la corteja. (Os sorprendería saber cuánto se esfuerzan los directores generales de muchas grandes empresas por aparecer en las portadas de las revistas). En lo referente a los periodistas, «siempre desconfiaba», recuerda Nooyi en su autobiografía. Es simpática, con una sonrisa encantadora y mucho sentido del humor. Pero también es dura. E inteligente. Tiene una triple licenciatura en Física, Química y Matemáticas y un máster en Empresariales por Yale. Sería un gran error subestimarla, pero, por supuesto, cuando se convirtió en directora de PepsiCo, la gente lo hizo.

El más notable fue un tiburón financiero llamado Nelson Peltz. Peltz es una versión de Gordon Gekko, pero más intimidante si cabe. Creció en Brooklyn, condujo camiones para la empresa familiar de venta al por mayor de productos agrícolas y nunca terminó la universidad. En la actualidad vive en una finca dorada y chabacana de cien millones de dólares en Palm Beach llamada

Montsorrel con su tercera esposa, una exmodelo. En 2016 recaudó mucho dinero para su vecino Donald Trump.

Ya os habéis hecho una idea.

Peltz hizo su fortuna amedrentando empresas, dividiéndolas y vendiéndolas por partes. Su objetivo eran los grandes conglomerados y mostraba una «aparente atracción fetichista por las empresas de Fortune 500 dirigidas por mujeres», escribió Patricia Sellers en *Fortune*, señalando que Peltz había ido a por la directora general de Mondelez, Irene Rosenfeld, y la de DuPont, Ellen Kullman, antes de Nooyi.

Poco después de asumir las riendas de la compañía como directora general, Nooyi declaró que iba a llevarla en una nueva dirección. Añadiría alimentos saludables a la gama de productos. PepsiCo se convertiría en líder en la lucha contra los problemas medioambientales y de sostenibilidad. Y, sobre todo, la empresa ofrecería más apoyo a las mujeres y las familias. No se trataba de ser amables. Se trataba de ser competitivos. El plan no iba a funcionar de inmediato. Nooyi calculó que tardaría diez años en dar sus frutos, pero, si funcionaba, PepsiCo estaría en condiciones de prosperar otro siglo más. En lugar de obsesionarse con los resultados a corto plazo, Nooyi adoptó una perspectiva a largo plazo. También corría un gran riesgo. Wall Street no es paciente. Pero Nooyi no dudaba que su plan era el correcto.

Percibiendo su vulnerabilidad, Peltz compró numerosas acciones de PepsiCo y promovió un intento de adquisición hostil. Empezó a exigir puestos en el consejo de administración con la esperanza de intimidar a Nooyi para que vendiera divisiones y así obtener un beneficio rápido de sus acciones. La atacó en la prensa, criticando cada una de sus decisiones, aprovechándose de cada pequeño error. Actuó a sus espaldas y presionó a miembros del consejo de PepsiCo para que se deshicieran de ella. Nooyi permaneció imperturbable. Siempre que Peltz le pedía una reunión, ella le dedicaba tiempo y le escuchaba respetuosamente. «Si se te ha ocurrido una gran idea, estaré encantada de escucharte —le decía—. Pero no tengo la menor intención de destruir una gran empresa».

Con la esperanza de obtener apoyos para su plan en Wall Street, Peltz publicó una carta abierta de treinta y siete páginas en la que explicaba su propuesta de dividir PepsiCo, argumentando que los inversores ganarían más dinero si se unían contra la compañía.

PepsiCo respondió con su propia carta abierta, en la que agradecía al señor Peltz su interés en la empresa y le aseguraba que el consejo había estudiado su propuesta pero había decidido seguir con el plan a largo plazo de Nooyi.

Peltz siguió atacando a Nooyi durante nada menos que tres años. Quería distraerla, ponerla en la tesitura de tener que defender su estrategia, que tuviera que invertir mucho tiempo luchando contra él en lugar de dirigir la empresa y que acabara cometiendo errores. Pero por mucho que Peltz la atacara, Nooyi nunca le devolvió el golpe. ¿Por qué iba a hacerlo? Puede que entre bastidores estuviera defendiéndose de la presión de su consejo de administración, pero en público, cuando se trataba de Peltz, proyectaba una serenidad de esfinge, un silencio elocuente.

Y seguro que esto lo enloquecía.

Con el tiempo, el plan de transformación de Nooyi empezó a funcionar. Las ventas subieron. Las acciones subieron. PepsiCo siguió pagando un buen dividendo a sus inversores. Peltz quedó como un idiota. Sin embargo, en lugar de deleitarse con su humillación, Nooyi le ayudó a rendirse de un modo que le permitiese salvar la cara. Peltz y ella anunciaron una tregua. Nooyi accedió a dar un puesto en el consejo a William Johnson, uno de los asesores de Peltz. La gracia era que Johnson había sido director general de Heinz y durante su mandato había perdido una desagradable batalla por poderes con Peltz. El mensaje de Nooyi a Peltz podría traducirse así: «Claro que cederemos un puesto en el consejo, pero solo a un tipo que no tuvo los huevos de enfrentarse a ti». Nooyi hizo una declaración pública agradeciendo a Peltz sus «constructivas discusiones» y su «valiosa aportación». Peltz vendió sus acciones y se largó.

Nooyi no lo celebró, ni se regodeó, ni presumió. No le hacía falta. Todo el mundo sabía quién había ganado y quién había perdido. Tres años después, en 2018, se jubiló. En doce años había duplicado el valor de mercado de PepsiCo de 90.000 millones a 180.000 millones de dólares, lo que la convirtió en una de los directores generales con mejores resultados de su época. *Forbes* la nombró la segunda mujer más poderosa del mundo de los negocios. En 2021 publicó su autobiografía, en la que solo dedicó dos páginas a Peltz. No expresó rencor ni resentimiento por la forma en que él la había tratado. Sin embargo, sí señaló que, gracias al éxito de su plan, Peltz había obtenido unos buenos beneficios con sus acciones de PepsiCo.

Eso es poder.

Se puede aprender mucho de la mafia

En *El padrino. Parte II* el joven Vito Corleone, interpretado por Robert De Niro, pide a un casero del barrio, Roberto, que recapacite y no desaloje a una mujer de su apartamento. Roberto le dice a Corleone que se largue e incluso le amenaza con «patearle el culo siciliano en la calle». Poco después, Roberto se presenta en el despacho de Corleone. La gente del barrio le ha hablado de él y ahora está aterrorizado. Balbucea. Tiembla. Le dice a Corleone que ha cometido un error. ¡Claro que la mujer puede quedarse en su casa! Corleone se queda callado diez segundos. Roberto, que antes quería subirle el alquiler cinco dólares a la mujer, hace una nueva oferta.

—El alquiler se queda como antes —dice.

Corleone sigue sin decir palabra.

—Le bajo el alquiler cinco dólares —dice Roberto. Corleone sigue en silencio.

—Diez dólares, don Vito.

Y ya está. Trato hecho.

—¿Diez? *Grazie* —dice Corleone.

Se dan la mano. Roberto, que sigue balbuceando, se marcha corriendo.

Corleone tiene la sartén por el mango y el control de la situación. Regatea sin usar palabras. Cuanto más tiempo guarda silencio, más duro es su regateo.

Un poderoso silencio recorre todas las películas de *El padrino*. Michael Corleone domina el silencio tanto como su padre. Y no solo en las películas. En la vida real, los miembros de la mafia siguen la regla de la *omertà*, un código de silencio.

Probablemente nunca hayáis oído hablar de Lew Wasserman, pero si hubieseis trabajado en Hollywood entre 1950 y 1990 lo habríais temido. Charlton Heston le llamaba «el padrino del negocio del cine» y la connotación era intencionada: Wasserman se codeaba con mafiosos.[11]

Wasserman dirigía MCA, un conglomerado del mundo del espectáculo que poseía estudios de cine y discográficas y controlaba la radio y la televisión. Jack Valenti, lobista de la industria cinematográfica, dijo en una ocasión: «Si Hollywood es el monte Olimpo, Lew Wasserman es Zeus». Los ejecutivos de los estudios estaban tan aterrorizados que algunos se desmayaban o incluso vomitaban cuando Wasserman dirigía su ira hacia ellos.

La verdadera clave del éxito de Wasserman, sin embargo, fue su habilidad para callarse. Nadie sabía nunca lo que pensaba. Los mantenía a todos expectantes. Casi nunca concedía entrevistas. No confiaba en nadie y no ponía nada por escrito. Reunía información sobre todos los que le rodeaban, pero no ofrecía información a cambio. Wasserman lo había aprendido de su mentor, un jefe de estudio llamado Jules Stein, quien, como escribe Connie Bruck, biógrafa de Wasserman, en *When Hollywood Had a King*, era conocido por «elegir sus palabras con tanta cautela como si tuviera que pagar por ellas».[12]

Una conversación es una transacción. Es un intercambio de información. Las personas poderosas obtienen más de lo que gastan.

Vivan los lacónicos

La mejor prueba de la conexión entre el poder y el silencio es Joe Biden. Biden se pasó más de tres décadas intentando ser elegido presidente de Estados Unidos —se presentó por primera vez en 1988— y una y otra vez lo arruinaba con sus meteduras de pata. Era el Miguel Ángel de las pifias.

---

[11] Jonathan Kandell, «Lew Wasserman, 89, Is Dead; Last of Hollywood's Moguls», *New York Times*, 4 de junio de 2002, https://www.nytimes.com/2002/06/04/business/lew-wasserman-89-is-dead-last-of-hollywood-s-moguls.html.

[12] Connie Bruck, *When Hollywood Had a King: The Reign of Lew Wasserman Who Leveraged Talent into Power and Influence*, Nueva York: Random House, 2004.

En 2008 se reunió con un periodista de ascendencia india y le dijo: «En Delaware, el mayor crecimiento de población es el de estadounidenses de origen indio que se trasladan desde la India. No puedes ir a un 7-Eleven o a un Dunkin' Donuts a menos que tengas un poco de acento indio. ¿Me equivoco?». En un mitin en Carolina del Sur pidió a un senador estatal que «se levantara para que la gente lo viera». Luego, al darse cuenta de que el senador era parapléjico e iba en silla de ruedas: «Ay, Dios. Pero ¿qué estoy diciendo?».

Biden metió la pata con tanta insistencia en la campaña de 2008 que el Comité Nacional Republicano creó un Reloj de Pifias de Joe Biden. Después de que Obama lo eligiera como su candidato a la vicepresidencia, Biden le llamó «Barack América». El *New York Times* calificó a Biden de «equipo de demolición verbal» y dijo: «Un día de campaña sin una pifia escalofriante es una rara bendición».[13]

Biden era un metepatas tan famoso que cuando el politólogo Stephen Frantzich publicó un libro en 2012 sobre pifias políticas puso a Biden en la cubierta y dijo que no podía imaginárselo desarrollando la disciplina necesaria para convertirse en presidente. Ocho años después, en 2020, Biden parecía destinado a volver a fastidiarla. En el primer debate de las primarias demócratas metió la pata, se equivocó y fue derrotado por los otros candidatos. Pero entonces ocurrió un milagro. Biden cambió y prácticamente se convirtió en una persona distinta. Sus respuestas pasaron a ser breves. No divagaba. Sus asesores lo mantenían alejado de los periodistas. Cuando hablaba con la prensa, solo respondía a unas pocas preguntas de forma sucinta y escapaba rápidamente.

La transformación de Biden «demuestra todo lo que puede conseguir la fuerza de voluntad», me dijo Frantzich. «Tenía buenos asesores. Tenía gente que le enseñaba. Se dio cuenta [de que hablar más de la cuenta] era un obstáculo que tenía que superar. Pero deseaba tanto la presidencia que fue capaz de lograrlo». Para los asesores que trabajaron con Biden «fue una combinación de enseñarle, pero también de no dejarle hablar».

---

[13] John M. Broder, «Biden Living Up to His Gaffe-Prone Reputation», *New York Times*, 11 de septiembre de 2008, https://www.nytimes.com/2008/09/11/world/americas/11iht-biden.4.16081515.html.

Biden siguió utilizando el silencio como arma después de asumir el cargo. Durante las primeras semanas de 2021 se reunió con líderes extranjeros pero excluyó al primer ministro israelí, Benjamin Netanyahu, lo que algunos interpretaron como una forma de mostrar su descontento con su política y de debilitarlo antes de las elecciones. La Casa Blanca negó que Biden lo estuviera desairando. Sin embargo, unos meses más tarde, en junio de 2021, Netanyahu fue destituido tras doce años al frente del país.

Senador, usted no es Jack Kennedy

La mayor bofetada política de los últimos tiempos solo tenía veintiuna palabras y únicamente tardó diez segundos en pronunciarse. Y por eso funcionó.

En un debate vicepresidencial de 1988, el senador demócrata Lloyd Bentsen se enfrentó al senador republicano Dan Quayle. Bentsen, de sesenta y siete años, era un texano alto que llevaba en el Congreso desde los años cuarenta. Quayle tenía cuarenta y un años, era un peso ligero sin experiencia y no le sobraba inteligencia.

Durante el debate, el moderador preguntó a Quayle si se sentía capacitado para ser presidente en caso de que el cargo recayera en él. Quayle se enfadó y pasó casi dos minutos defendiéndose de forma poco convincente, diciendo que tenía tanta experiencia como John F. Kennedy cuando se presentó a la presidencia.

Ante esas palabras, Bentsen parecía un gato que acabara de atrapar a un ratón. Cuando Quayle terminó de hablar, Bentsen se volvió, le miró directamente y le dijo: «Senador, yo serví con Jack Kennedy. Conocí a Jack Kennedy. Jack Kennedy fue amigo mío». Hizo una pausa de dos segundos y luego le asestó el golpe de gracia: «Senador, usted no es Jack Kennedy».

¡Bum! El público estalló en aplausos que se prolongaron quince segundos. Quayle pareció que se había quedado sin respiración por un puñetazo.

Al final, Quayle llegó a vicepresidente, pero nunca superó aquel insulto. Fue como si Bentsen le hubiera abofeteado y hubiese dejado una huella permanente. *Saturday Night Live* empezó a representar a Quayle como un niño sentado en el regazo del presidente. La frase se convirtió en parte del léxico cultural. Ha aparecido en comedias de televisión y películas. Megadeth lo sampleó en una canción. Incluso tiene su propia página en Wikipedia.

La réplica de Bentsen es una clase magistral sobre cómo utilizar menos palabras para transmitir más. Bentsen no dio una prolija descripción de las diferencias entre Kennedy y Quayle. No argumentó con hechos ni dedicó tiempo a entrar en detalles para demostrar que Quayle no tenía tanta experiencia como Kennedy cuando se presentó. Se limitó a pronunciar esas palabras. Cuatro frases cortas y declarativas. Habló menos y consiguió más.

El poder de que te subestimen

Durante quince años Angela Merkel fue la mujer más poderosa del mundo, y posiblemente la más aburrida. En privado, a la canciller alemana le encantaba hacer bromas y hasta imitaba a otros líderes mundiales. Sin embargo, en público bajaba el telón. Era estoica, adusta, imperturbable, impasible, una maestra del arte de saber callarse. «A lo largo de su carrera, Merkel ha hecho de su tiempo y de sus silencios una virtud», escribió George Packer en el *New Yorker*, llamándola «la alemana silenciosa».[14]

Mientras sus rivales políticos, ególatras y machos alfa, se pavoneaban y daban discursos, Merkel callaba y se aseguraba de que nadie supiera qué estaba pensando. Llegó al poder observando, esperando y estudiando a sus oponentes, sin revelar nada sobre sí misma. Como dijo un observador: «Es la ausencia de carisma lo que la hace carismática».

Merkel era el somnífero de los políticos, con sus discursos monótonos que parecían diseñados para dormir a la gente. Pero su falta de carisma hizo que la gente la subestimara. Detrás de su aburrida fachada, era implacable. Su primera gran oportunidad llegó cuando el

---

[14] George Packer, «The Quiet German: The Astonishing Rise of Angela Merkel, the Most Powerful Woman in the World», *New Yorker*, 24 de noviembre de 2014, https://www.newyorker.com/magazine/2014/12/01/quiet-german.

canciller Helmut Kohl la acogió bajo su protección y la incluyó en su gabinete. Su segunda gran oportunidad fue criticar a Kohl en la prensa y sustituirle como presidenta del partido nueve años después.

De formación científica con un doctorado en Física, Merkel era más inteligente que la gente que la rodeaba, y solía ir varios pasos por delante. Sin embargo, en las conversaciones dejaba que los demás hablaran la mayor parte del tiempo. Odiaba las conversaciones triviales, no soportaba a los tontos y expulsaba a quienes quebrantaban su confianza. Como canciller nunca utilizó las redes sociales, evitó las entrevistas e incluso se negó a colaborar con un biógrafo.[15]

«Es una maestra de saber escuchar —dijo una vez un socio—. En una conversación, ella habla el veinte por ciento y tú el ochenta. Transmite a todos la sensación de "quiero oír lo que tienes que decir", pero la verdad es que llega a sus conclusiones en tres minutos y a veces piensa que dieciocho más son una pérdida de tiempo. Es como un ordenador: "¿Es posible lo que propone esta persona?". En muy poco tiempo, es capaz de saber si se trata de una fantasía».

Merkel desconfiaba de la retórica altisonante de Barack Obama y se sentía incómoda con él en privado porque, al igual que ella, Obama se guardaba sus ideas para sí y no podía leerlo. Merkel sabía cómo tratar a líderes machistas y de discurso duro como el presidente ruso Vladímir Putin, pero el reservado y cerebral Obama, que no se hacía el duro en público, seguía siendo un enigma. Según un colaborador de la canciller, Merkel y Obama eran «como dos sicarios en la misma habitación. No tienen que hablar: ambos son silenciosos, ambos son asesinos».

Obama, de hecho, sabía cómo fastidiar a Merkel y, al igual que ella, utilizaba el silencio como arma. En 2011 y 2012, durante la crisis de la deuda europea, cuando la administración estadounidense consideró que Merkel estaba siendo obstinada y complicaba las cosas para el resto de Europa y del mundo, Obama dejó de hablarle. El personal de Merkel se ponía en contacto con la Casa Blanca para solicitar una conversación y no le devolvían la llamada, un

---

[15] Franz Baumann, «Political Genius Flying at Low Altitude», *Los Angeles Review of Books*, 30 de octubre de 2021, https://lareviewofbooks.org/article/political-genius-flying-at-low-altitude/.

mensaje alto y claro para la canciller. En una acalorada reunión durante la crisis, parece que Obama disgustó tanto a Merkel que esta se echó a llorar, lo que demuestra la maestría de Obama en manejar los silencios.[16]

Merkel comprendió que no decir nada es la máxima exhibición de fuerza y que cuando se tiene poder no es necesario responder a los ataques. Se limitaba a guardar silencio y dejar que sus oponentes se aporrearan. En una ocasión, una política de un pequeño partido de la oposición de izquierdas pronunció un discurso que levantó ampollas en el Bundestag: acusó a Merkel, a la cara, de ser una fascista que operaba al «despiadado viejo estilo alemán». La mujer estaba llamando nazi a Merkel, una acusación incendiaria en cualquier lugar, pero mucho más en Alemania.

Los aliados de Merkel estallaron, furiosos. Siguió una pelea a gritos. Merkel, sin embargo, hizo caso omiso y puso cara de aburrimiento. Su mensaje tácito: «Despotrica cuanto quieras, yo sigo al mando. Y muchas gracias por asegurarte de que, en las próximas elecciones, tu partido con menos poder obtenga aún menos votos. Bien hecho».

Negarse a responder a los ataques funciona como una poción menguante. Cuanto más despotrica la otra persona, más pequeña se vuelve. En realidad, nos lanzan caramelos. Al final empiezan a parecer ridículos, como un bebé en plena rabieta. Aunque os estén dirigiendo afirmaciones terribles y ofensivas con la esperanza de provocar una respuesta, ignorad las palabras y centraos en la actuación. Tened en cuenta que cuanto más os digan, más poderosos seréis en esa relación. Disfrutad del espectáculo.

Steve Jobs, líder de una secta

Yo escribía sobre tecnología para *Newsweek*. En este campo, el no va más es conseguir que directores generales famosos nos concedan

---

[16] Alessandra Scotto di Santolo, «Revealed: Moment Barack Obama Made Angela Merkel Cry in Key Eurozone Crisis Meeting», *Express*, 8 de febrero de 2019, https://www.express.co.uk/news/world/1084075/EU-news-Angela-Merkel-Barack-Obama-G20-eurozone-crisis-Greece.

una entrevista; rápidamente nos curtimos en eso de medir el poder de la gente porque tenemos un barómetro muy preciso: cuanto menos quiere alguien hablar con nosotros, más poderoso es.

Personas como Mark Zuckerberg y Jeff Bezos eran casi inaccesibles y, cuando accedían a hablar con un periodista, sus respuestas eran breves y prestablecidas. Pero nadie ha ejercido tanto poder sobre la prensa como Steve Jobs, presidente de Apple, y lo consiguió porque era un maestro en el arte de callar. Resultaba enloquecedor porque sabíamos que si se abría a hablar sería la persona más fascinante, brillante e interesante que jamás hubiésemos entrevistado. Pero no lo hacía. Y cuanto menos hablaba, más poder acumulaba. Por eso se convirtió en el santo grial de los periodistas: la entrevista única e irrepetible.

Apple se construyó a imagen y semejanza de Jobs. La empresa no hacía publicidad, sino antipublicidad. En lugar de conseguir atención mediática, alejaba a los periodistas. Yo pensaba que trabajar como relaciones públicas de Apple era el empleo más fácil del mundo porque solo hacía falta decir dos palabras: «Sin comentarios».

Cuando Apple presentaba un nuevo Mac o iPod, entregaba las primeras unidades a unos pocos críticos cuidadosamente seleccionados que sabían que a menos que dijeran cosas buenas del producto, serían expulsados de esa lista en el futuro. Apple rara vez recibía malas críticas. Incluso cuando la pifiaba —algo que no ocurría a menudo, pero sí a veces—, los periodistas hacían todo lo posible por excusar a la empresa.

Todo eso fue obra de Jobs. Maestro en manipular y controlar a la gente, era tanto líder de una secta como director general. Durante años, cuando Apple presentaba un nuevo iPhone, los clientes empezaban a hacer cola con tres días de antelación. Dormían en la acera. ¿Qué otra empresa podría inspirar una devoción tan insana?

Cada pocos años Jobs salía de su reclusión y concedía una entrevista. Solo lo hacía cuando sabía exactamente lo que quería decir, normalmente cuando promocionaba un nuevo producto. Y controlaba todos los aspectos de esta.

La mayoría de los directores generales que promocionan un nuevo producto se van de gira o se pasan el día sentados en una sala de conferencias hablando con un periodista tras otro. Jobs no quería nada de eso. Comprendió que los presidentes que iban de aquí para allá hablando con periodistas y contratando a relaciones públicas para que hablasen con editores y consiguiesen publicidad eran débiles. Eran vulgares y corrientes.

Conseguir la atención de la prensa es como obtener un préstamo del banco: es más fácil que te la den si no la necesitas. «¿Qué puedo hacer para salir en *Charlie Rose*?», me preguntó una vez el director general de una empresa de tecnología. Murmuré algo impreciso, pero la verdad era esta: «El hecho de que lo preguntes es la razón de que no salgas».

Jobs sabía que su cara vendía revistas. Así que se apropió del control haciendo que las revistas lucharan por él. Solo una publicación conseguiría la entrevista. Sin embargo, para obtener la bendición y el privilegio de sentarse en una habitación con él, había que pagar un precio. Apple enfrentaba a *Time* y *Newsweek* y negociaba con los jefes de redacción. Para conseguir la codiciada entrevista, la revista tenía que garantizar que Jobs apareciese en la portada, obviamente. Pero Apple siempre pedía más. ¿Qué condiciones aceptarían? ¿Cuántas páginas dedicarían al reportaje? ¿Qué diría? Esencialmente, Apple quería el control total. Querían que convirtieras tu revista en una agencia de relaciones públicas para sus productos.

Eran exigencias ridículas. El hecho de que Apple pidiera esas cosas era chocante, indignante, impensable. Los editores no dejan que los temas de sus artículos dicten los términos de la entrevista, y las revistas no ceden el control editorial a la persona sobre quien escriben.

Pero esto era Apple. Era Steve Jobs, el mesías de Silicon Valley. Estos eran sus términos. Durante el tiempo que pasé en *Newsweek*, nunca obtuvimos una entrevista con Jobs. Pero otros sí. No tengo ni idea de a qué renunciaron para conseguirla.

Palabras que confunden en lugar de aclarar

Cuando el Tribunal Supremo legalizó el matrimonio entre personas del mismo sexo en la sentencia Obergefell contra Hodges de 2015, Ruth Bader Ginsburg se mostró de acuerdo con la decisión, pero no estaba completamente de acuerdo con el razonamiento del juez Anthony Kennedy, que escribió la opinión mayoritaria. En tales circunstancias, los jueces a veces escriben opiniones concurrentes para explicar sus ideas sobre el caso. Pero Ginsburg decidió callar.[17] Creía que más palabras solo restarían fuerza a la decisión. «Era más potente tener una única opinión —dijo al público de la Universidad de Duke poco después de la decisión—. Ese tipo de disciplina consiste en decir: "Yo no soy la reina, y si la mayoría se acerca lo suficiente a lo que yo pienso… entonces no tiene por qué ser exactamente como yo lo habría redactado"».

Ginsburg guardaba en sus estanterías un libro de disentimientos inéditos que el juez Louis Brandeis había escrito, pero no publicado. Le ayudaba a recordar que a veces es mejor no añadir la propia voz. En Obergefell, los cuatro jueces opuestos a la decisión escribieron opiniones disidentes. Ginsburg creía que «sembrarían confusión» y no quería contribuir a ella.

Ginsburg sabía que el caso Obergefell sería citado durante décadas por abogados y jueces que lo aplicarían como precedente en casos futuros. Podía imaginar Obergefell desde la perspectiva de futuros juristas y quería que la decisión fuera lo más clara posible, aunque eso significara dejar su propia voz (y sus ideas) fuera del debate.

Eso nos enseña dos cosas. La primera es que más palabras restan fuerza al mensaje en lugar de añadir. La segunda es que, antes de hablar o escribir, hay que dejar volar la imaginación hacia el futuro e imaginar cómo sonarán entonces nuestras palabras. Cuando se tiene visión a largo plazo, se descubre que mucho de lo que queremos decir puede omitirse.

Movimientos de poder

La mayoría de nosotros no llegaremos a ser jueces del Tribunal Supremo ni directores multimillonarios. Pero podemos aprender

---

[17] Samantha Lachman y Ashley Alman, «Ruth Bader Ginsburg Reflects on a Polarizing Term One Month Out», *HuffPost*, 29 de julio de 2015, https://www.huffpost.com/entry/ruth-bader-ginsburg-tk_n_55b97c68e4b0b8499b18536b.

de la gente poderosa y copiar sus técnicas para hacernos más poderosos. He aquí algunas formas:

Imaginar que las palabras son dinero. Después de leer sobre el padrino de Hollywood Lew Wasserman y su mentor, Jules Stein, que elegía las palabras «como si tuviera que pagar por ellas», se me ocurrió un juego que yo llamo «Imaginar que las palabras son dinero». Imaginad que la conversación que mantenéis es una transacción y que vuestro objetivo es conseguir más de lo que gastáis. Haced preguntas y recabad información mientras desviáis las preguntas y habláis lo menos posible.

No divagar. Quizá por educación o por inseguridad perdemos poder añadiendo palabrería que debilita nuestro mensaje. Pensad en la diferencia entre estas dos frases: «No creo que pueda pagar tanto dinero por este coche» y «No puedo pagar tanto por este coche». Esas palabras de más se llaman «fugas verbales», que significa que estamos filtrando o revelando algo a la otra persona que inclina la balanza del poder en su dirección. No hay que delatarse. Y prestad atención a las fugas verbales cuando hablen otras personas. Nos dará ventaja.

Utilizar el método del signo de interrogación de Bezos. Siempre que se pueda, responded o reenviad un correo electrónico sin añadir nada más. No pareceréis arrogantes. Pareceréis ocupados.

Dejar que la gente nos subestime. No caigamos en la trampa de intentar demostrar a todo el mundo lo listos que somos. Sed como Angela Merkel: tranquilos y discretos. Al final, esto jugará a vuestro favor.

Si estamos enfadados, no demostrarlo. Si alguien nos grita, en persona o por correo electrónico o SMS, no hay que contestar. Esto enfurecerá al gritón. «Si tu enemigo es temperamental, intenta irritarlo», decía Sun Tzu. Mantened la calma. Poned un cebo a vuestro enemigo para que hable más de la cuenta. Escuchad con expresión neutra, como hizo Merkel con la política que la atacó en el Bundestag. ¡Alegraos! Ellos están enfadados; vosotros no. Habéis ganado.

No discutir en Twitter. No parecéis inteligentes, ingeniosos ni dominantes. No parecéis intelectuales participando en un debate filosófico. Parecéis alguien que va al zoo a pelearse con los monos tirándose caca. No podéis ganar. Os hace parecer tontos y débiles. Marchaos.

Ser impreciso. Los investigadores han descubierto que las personas poderosas utilizan un lenguaje más abstracto y no se entretienen en los detalles.[18] Profundizar en hechos y cifras no nos hace parecer inteligentes, sino débiles. Basta pensar en el eslogan de Obama de 2008, «*Yes We Can*». O el clásico eslogan publicitario de Steve Jobs: «Piensa diferente». ¿Qué significaban? Significaban lo que tú quisieras que significaran. Las afirmaciones vagas llevan a la gente a rellenar los espacios en blanco con sus propias esperanzas y deseos. Despiertan la curiosidad y la atraen hacia ti.

Utilizar el silencio para halagar a nuestros superiores. Dejar una breve pausa después de que hable alguien con más estatus transmite respeto.[19] Es un movimiento sutil, pero inconscientemente hará que esa persona se sienta segura de que conocéis vuestro lugar, lo que también hará que le caigáis un poco mejor. «Haz siempre que los que están por encima de ti se sientan cómodamente superiores —aconseja Robert Greene en su libro sobre el poder—. Haz que tus superiores parezcan más brillantes de lo que son y alcanzarás la cima del poder». También se puede utilizar el silencio para señalar desaprobación.[20] Cuando ese imbécil de Larry haga un comentario sexista en una reunión y no queráis convertirlo en una confrontación pero tampoco dejarlo pasar, simplemente callaos. Todos vosotros. Cuando Larry acabe de hablar, que siga una pausa larga e incómoda. Estamos utilizando el silencio para ponerlo en su sitio, avergonzándole sin decir una palabra. Eso es poder.

---

[18] «You Look More Powerful When You Avoid Talking Details, Study Shows», Association for Psychological Science, 11 de julio de 2014, https://www.psychologicalscience.org/news/minds-business/you-look-more-powerful-when-you-avoid-talking-details-study-shows.html.

[19] Namkje Koudenburg, Tom Postmes y Ernestine H. Gordijn, «Conversational Flow and Entitativity: The Role of Status», *British Journal of Social Psychology* 53, n.º 2 (2013), pp. 350-366, https://doi.org/10.1111/bjso.12027.

[20] Heidi Mitchell, «How to Use Silence in Business Meetings», *Wall Street Journal*, 6 de mayo de 2022, https://www.wsj.com/articles/use-silence-in-business-meetings-11651252991.

10

Calla y escucha

Una fresca tarde de otoño en Boulder (Colorado), cuando amarillean las hojas de los álamos y las cumbres nevadas resplandecen en las lejanas montañas recortadas en el cielo azul, quince fundadores de empresas tecnológicas, desconocidos entre sí, se dirigen en parejas al bosque, con una misión: hablar por turnos de aquello que les gustaría que su equipo comprendiera de ellos. Cuando te toque escuchar, escucha. No interrumpas. Ni preguntes. Nada de sugerir lo que podría hacer la otra persona. Hay que limitarse a escuchar.

Cada uno de estos quince aspirantes a Musk y Zuckerberg ha desembolsado diez mil dólares para pasar tres días en un campo de entrenamiento dirigido por Jerry Colonna, un *coach* ejecutivo que ha trabajado con algunos de los nombres más importantes de Silicon Valley y al que han calificado como «el susurrador de ejecutivos» o «el Yoda de Silicon Valley». En tiempos pasados Colonna fue un exitoso inversor de capital riesgo, pero durante dos semanas emprendió una búsqueda de la revelación que incluía vagar desnudo por un desierto de Utah sin comida, y volvió transformado. Dejó Wall Street y se mudó a Boulder, se convirtió al budismo y se reinventó como gurú-chamán que enseña a los peces gordos de Silicon Valley a entrar en contacto con sus sentimientos.

En el transcurso de este campamento de tres días, los quince miembros de la cohorte de Colonna se desahogarán hablando del miedo y la vergüenza, y la mayoría acabará sollozando. Pero la razón principal de que estén aquí es aprender a callarse y escuchar. Para muchos de estos emprendedores no es algo natural. La mayoría de los empresarios y directores generales escuchan fatal, mucho peor que la media. Nunca han escuchado a nadie. Son egohabladores de tipo A que se pasan la vida presumiendo de lo listos que son y de lo brillantes que son sus ideas. «Puede que no tengan un trastorno narcisista de la personalidad en toda regla, pero están en el espectro», dice Andy Crissinger, un *coach* que trabaja para la empresa de Colonna, Reboot, y se especializa en enseñar a escuchar. Hasta ahora, la cretina prepotencia de estos empresarios ha sido una especie de superpoder. No hay mucha gente lo bastante arrogante como para ir a una reunión de inversores armada únicamente con un PowerPoint y una buena sarta de chorradas y salir con decenas o incluso cientos de millones de dólares. Sin embargo, una vez han conseguido esos millones, las cosas cambian. Ahora su trabajo consiste en crear una empresa, lo que significa contratar y dirigir personas, y la mayoría de ellos no destaca por su don de gentes. «Toda su vida se los ha recompensado por ser buenos comunicadores, pero ahora necesitan cultivar aspectos más tranquilos, como plantear buenas preguntas y escuchar», dice Crissinger.

Ahí es donde entran Colonna y su equipo. Crissinger ha elaborado un plan de ejercicios de escucha, y aunque la magia no se produce en tres días, los jóvenes fundadores se van armados con algunas instrucciones. «Escuchar no es fácil —dice Crissinger—, pero se trata de un grupo de habilidades muy accesible que puede aprenderse con la práctica».

Aprender a escuchar significa oponerse a toda una vida de presión para hablar, desde la infancia. En la escuela te puntúan por participar, pero no por saber escuchar. «De niños no nos enseñan a escuchar y no nos recompensan por ello —afirma Crissinger—. Vivimos en una época de proliferación de la información sin precedentes. Se nos anima a crear contenidos, a impulsar contenidos, a desarrollar una marca personal, a impulsar hacia el exterior, a proyectarnos en el mundo».

La mayoría de nosotros no puede pagar diez mil dólares por un retiro de tres días con el Yoda de Silicon Valley, así que Colonna ofrece una clase gratuita de seis días en línea sobre la capacidad de escuchar. No se disfruta de un bonito paisaje ni de la oportunidad de sollozar ante un montón de desconocidos, pero permite acceder a algunos de los ejercicios que utiliza con sus clientes.

Colonna es un oyente tan intenso que me resultó prácticamente imposible entrevistarlo. Cuando entramos en Zoom y le hice una pregunta, en lugar de responder me dijo que dejara de tomar notas y ¡empezó a entrevistarme a mí! Estaba decidido a no rendirme a su actuación de gurú de la superescucha, pero consiguió hacerme hablar.

Cuando pasaron los treinta minutos, me di cuenta de que no le había preguntado nada. Jerry dijo que podíamos volver a vernos para hacer la entrevista propiamente dicha. Le dije que por supuesto, pero yo sabía que no me expondría de nuevo a sus hechizos. Además, no necesitaba entrevistarlo. Acababa de hacerme comprender el poder de la escucha activa, mostrándomelo en lugar de decírmelo.

El cerebro no quiere escuchar

La mayoría de la gente no sabe escuchar. Solo un diez por ciento de la población escucha con eficacia.[1] Por término medio únicamente retenemos un veinticinco por ciento de lo que escuchamos, y hasta la mitad desaparece en las ocho horas siguientes.[2] Lo curioso es que la mayoría también cree que somos mejores oyentes que la media y que son los demás los que necesitan ayuda.

Saber escuchar es fisiológicamente difícil. Nuestros cerebros trabajan demasiado deprisa —los humanos pronunciamos unas ciento veinticinco palabras por minuto, pero nuestros cerebros pueden procesar ochocientas por minuto—, así que nos concentramos durante un rato pero luego el inquieto cerebro empieza a divagar.[3]

---

[1] Caren Osten, «Are You Really Listening, or Just Waiting to Talk?», *Psychology Today*, 5 de octubre de 2016, https://www.psychologytoday.com/us/blog/the-right-balance/201610/are-you-really-listening-or-just-waiting-talk.

[2] Stacey Hanke, «Are People Actually Listening to and Understanding What You Say? Here Are 5 Signs to Watch», *Entrepreneur*, 26 de octubre de 2017, https://www.entrepreneur.com/article/301188.

[3] «Are You Really Listening: Hearing vs. Listening», Speakeasy, 4 de junio de 2022, https://www.speakeasyinc.com/hearing-vs-listening/.

Y entonces miramos el móvil o el portátil, o pensamos en planes para el fin de semana o en lo que diremos en cuanto la otra persona deje de decir lo que sea que esté diciendo, que ahora mismo parece ser «bla, bla, bla», como los adultos de los dibujos animados de Charlie Brown.

He colocado la escucha al final del libro porque, de todas las disciplinas que he adoptado como parte del arte de callarse, aprender a ser un oyente activo es, con diferencia, la más compleja. Los demás ejercicios —no hablar siempre que sea posible, soportar los silencios incómodos, pasar tiempo en silencio, evitar las redes sociales— sientan las bases de la escucha. No se puede ser un buen oyente activo sin haber superado antes las demás prácticas.

La escucha activa es agotadora. Requiere mucha concentración y no es fácil dominar nuestro cerebro, que ha evolucionado con el impulso de divagar. Ese impulso nos ha sido útil. Si nuestros cerebros no divagaran, no tendríamos civilización, ni ciencia, ni sinfonías de Beethoven, ni telerrealidad.

Cuando escuchamos activamente, obligamos a nuestro cerebro a hacer algo para lo que no está diseñado. Frenar ese impulso es especialmente complicado para los habladores compulsivos porque nuestros cerebros son más inquietos que los de la mayoría e, incluso con la ayuda de medicamentos, alguien que sufre TDAH va a tener dificultades. A las personas como yo nos resulta casi imposible hablar con alguien por teléfono sin hacer otra cosa al mismo tiempo (enviar mensajes de texto, leer correos electrónicos, hojear los titulares del *New York Times*). Nos ponemos nerviosos y ansiosos. Nos sentimos mal físicamente. Queremos desesperadamente que esa sensación desaparezca, así que abrimos el ordenador o cogemos el mando a distancia.

El año pasado me dediqué a mejorar mi capacidad de escucha y estoy mucho mejor que antes, pero todavía sigo abstrayéndome. Me resulta casi imposible mantener la concentración durante las reuniones de Zoom, sobre todo si participan varias personas. En mi defensa aduciré que al parecer nadie puede prestar atención en Zoom. Incluso hay un nombre para ello: «fatiga de Zoom». Supuestamente se debe a que nuestros cerebros trabajan horas extra para completar la información que solemos captar inconscientemente a través del lenguaje corporal y las expresiones faciales.[4]

Otro reto es que la escucha activa nunca resulta fácil. No es como montar en bicicleta, que una vez aprendes se convierte en algo automático. La escucha activa se parece más a levantar pesas. Con el tiempo te haces más fuerte, pero siempre requiere esfuerzo. El gurú de los negocios Tom Peters, coautor de *En busca de la excelencia*, dice que si no estás completamente agotado después de treinta minutos de escucha activa no lo estás haciendo bien. Peters también afirma que casi todos los grandes líderes empresariales que ha conocido —y los ha conocido a casi todos, además de estudiarlos y asesorar a algunos de ellos— poseen una capacidad olímpica para lo que él llama «escucha agresiva».

El síndrome del primero de la clase

Puede que aprender a escuchar no nos consiga un puesto en una empresa de Fortune 500, pero nos ayudará a hacer mejor nuestro trabajo y a aumentar las probabilidades de promoción. Nos hará más inteligentes y simpáticos. Paradójicamente, también hará más probable que la gente nos considere conversadores brillantes.

Sin embargo, no escuchar puede tener consecuencias desastrosas. Algunos de los peores oyentes del mundo son los que deberían ser los mejores: los médicos. Por término medio, los médicos solo esperan dieciocho segundos antes de interrumpir a un paciente. Esta sorprendente cifra fue publicada por primera vez por el doctor Jerome Groopman en 2007, en un libro titulado *¿Me está escuchando, doctor?*

Si conocéis a algún médico, entenderéis por qué se les da tan mal escuchar. Tengo algunos amigos y familiares médicos y los quiero con locura, pero muchos sufren el síndrome del primero de la clase. Siempre han sido los mejores, los que solo reciben

---

[4] Manyu Jiang, «The Reason Zoom Calls Drain Your Energy», BBC Worklife, 22 de abril de 2020, https://www.bbc.com/worklife/article/20200421-why-zoom-video-chats-are-so-exhausting.

elogios de profesores y padres. Luego van a la facultad de Medicina con muchos otros primeros de su clase y se pasan la vida haciendo un trabajo donde la gente siempre acude a ellos en busca de ayuda. Eso los predispone a pensar que son más listos que quienes los rodean, en cualquier situación. Un hecho que se ve agravado porque, curiosamente, muchos de los que se sienten atraídos por la medicina suelen tener un coeficiente intelectual alto, pero un coeficiente emocional bajo. Saben curar a la gente, pero no saben escuchar. Así que entras, empiezas a explicar lo que te pasa y el primero de la clase te interrumpe porque ya sabe cuál es el problema y cómo solucionarlo. El problema es que un veinte por ciento de las veces los médicos se equivocan de diagnóstico. Si vas con un infarto, te dirán que es reflujo gastroesofágico y te mandarán a casa con un antiácido. ¡Ay!

La «regla de los dieciocho segundos» de Groopman se citó ampliamente y debería haber sido una llamada de atención para la profesión médica, pero quince años después, gracias a las medidas para reducir costes en la atención sanitaria, no ha cambiado mucho. De hecho, los médicos están aún más obligados a atender al mayor número de pacientes en el menor tiempo posible. Esos dieciocho segundos pueden ser ahora doce.

El temor a que los pacientes hablen demasiado y ralenticen la conversación es, en la mayoría de los casos, infundado. Los investigadores han descubierto que cuando los médicos no interrumpen, los pacientes no parlotean durante mucho tiempo: solo unos noventa segundos de media.[5] Es un pequeño precio para evitar un diagnóstico erróneo. Otros estudios han descubierto que la escucha empática puede incluso ayudar a los pacientes a recuperarse de dolores y molestias.[6] Los pacientes que reciben un placebo pero pasan unos minutos hablando con un enfermero o un médico afirman que su dolor de espalda o piernas ha disminuido.

---

[5] Danielle Ofri, «The Day I Zipped My Lips and Let My Patients Talk», *First Opinion*, pódcast, STAT, 24 de abril de 2018, https://www.statnews.com/2017/02/07/let-patients-talk/.

[6] Danielle Ofri, «The Conversation Placebo», *New York Times*, 19 de enero de 2017, https://www.nytimes.com/2017/01/19/opinion/sunday/the-conversation-placebo.html?r=0.

Al menos superficialmente, la profesión médica ha reconocido la importancia de escuchar. Han surgido programas para enseñar a médicos y enfermeros a escuchar más y mejor. Sin embargo, la situación apenas ha variado. «Ha habido mucha actividad, por lo que creen que están mejorando», afirma Helen Meldrum, una investigadora especializada en habilidades de escucha dentro de la profesión médica. «Pero las facultades de Medicina y Enfermería no enseñan a escuchar de una forma que influya realmente en el comportamiento». Muchos médicos creen que las habilidades de comunicación son una chorrada o una pérdida de tiempo, y su formación refuerza esa idea. Gran parte sale de la facultad con menos empatía que cuando entraron.[7]

La próxima vez que vayáis al médico, poned el cronómetro del móvil. Si el médico os deja hablar, estupendo. Si os interrumpe a los dieciocho segundos, o incluso menos, quizá deberíais pedir una segunda opinión.

El diablo viste de Prada... y no escucha

No saber escuchar puede salir caro, como aprendió Anna Wintour, la dictatorial editora jefe de *Vogue*, en 2020. La capacidad de Wintour para permanecer en silencio le permitió acumular poder, pero ese poder, y una aparente incapacidad para aceptar consejos de las personas de su entorno, casi acabaron con su carrera.

Wintour es una persona aterradora. Su apodo es *Nuclear Wintour*[8] y fue el modelo para la malvada protagonista de *El diablo viste de Prada*. Lleva enormes gafas de sol, incluso en interiores, incluso durante las entrevistas, como una villana de dibujos animados, «para ocultar lo que realmente piensa o siente», según su biógrafa. Las gafas también declaran al mundo que no le interesa lo que digan los demás, el peor mensaje que un líder puede enviar.

---

[7] Helen Meldrum y Rebekah Apple, «Teaching or *Not* Teaching Empathic Listening to Future Physicians? Historical Roots and Ongoing Challenges», *International Journal of Listening* 35, n.º 3 (2021), pp. 209-215, https://doi.org/10.1080/109040 18.2019.1684296.

[8] Juego de palabras con *Nuclear Winter* (invierno nuclear). (*N. de la T.*).

Wintour dirige *Vogue* desde hace más de tres décadas y es también la directora editorial de todas las publicaciones de Condé Nast, lo que la convierte en una de las personas más poderosas tanto en el negocio de los medios de comunicación como en la industria de la moda. Sus empleados la temen tanto que no se atreven a hablarle ni a mirarla si ella no habla primero.

En épocas pasadas las empresas toleraban a los líderes que no escuchaban. Pero en esta nueva era los empleados tienen más poder, incluidos los de *Vogue*. Como escribe la biógrafa de Wintour, Amy Odell, «los métodos de Anna, algo así como "a mi manera o a la calle", era algo que los empleados no iban a tolerar».[9]

En 2020, tras los asesinatos policiales de Breonna Taylor y George Floyd, los empleados de base de *Vogue* hicieron públicas sus quejas de que Wintour no había hecho lo suficiente para dar voz a los negros, no había contratado a suficientes empleados negros y había publicado imágenes ofensivas. Wintour había apoyado públicamente el movimiento Black Lives Matter y tenía un consejo de diversidad e inclusión, pero algunos empleados creían que no lo había respaldado con acciones dentro de Condé Nast ni de las páginas de *Vogue*. Su estilo de gestión «no se alineaba con estas posturas progresistas», escribe Odell.

Durante años habían advertido a Wintour que se estaban gestando disidencias, que el mundo estaba cambiando y que *Vogue* tenía que cambiar con él. Pero ella hizo caso omiso de estas advertencias y siguió cometiendo errores. Instada a trabajar con diversidad de modelos, Wintour «hizo comentarios como: "¿No tenemos ya suficientes gais" —o "suficientes hombres" o "suficientes lesbianas" o "suficientes negros"— en este número?», escribe Odell. En 2017, desoyendo el consejo de sus editores, Wintour siguió adelante con una sesión de fotos en la que la supermodelo Karlie Kloss iba vestida de *geisha*, y luego pareció desconcertada cuando las fotos crearon revuelo. Poco después, *Vogue* fotografió a la modelo Gigi Hadid vestida con ropa deportiva y un grupo de jugadores de baloncesto negros en el fondo a modo de atrezo, una decisión que fue «sorprendentemente insensible para 2017», escribe Odell. «No

---

[9] Odell, *Anna*, p. 309.

estaba claro si Anna comprendía plenamente lo que era problemático en materia de raza». Su «estilo de dirección nunca había resultado tan inadecuado para un momento concreto» y sus formas dictatoriales «parecían ahora un lastre, tal vez como tendría que haber sido desde el principio». De pronto la gente decía lo impensable, que Anna Wintour —¡la invencible Anna Wintour!— debería dimitir. «¿Puede Anna Wintour sobrevivir al movimiento por la justicia social?», se preguntaba el *New York Times*.[10]

Condé Nast no la obligó a dimitir. No sé si alguien dentro de la empresa se atrevería a intentarlo. Le tienen pánico. Por otra parte, otros han caído por menos. Wintour se salvó pidiendo disculpas al personal en un correo electrónico donde admitía que había cometido errores y aceptaba su responsabilidad. Su acto público de contrición invocó la palabra mágica «escuchar». «Estoy escuchando y me gustaría oír vuestros comentarios y opiniones», escribió.

«Ya, claro. A Anna Wintour le encantaría escuchar tus comentarios. Promete no llamarte gordo ni estúpido ni burlarse de tu ropa. Jura que no te despedirá. ¿Quién quiere ir primero?».

Poco después de enviar el correo electrónico, Wintour intervino en un pódcast para insistir en el mensaje de escucha: «Lo que tiene que hacer un líder es escuchar. Escuchar, oír y actuar. Yo no escuchaba. O no escuchaba lo suficiente. Creo que lo importante es que te vean como alguien que escucha y que está dispuesto a oír cualquier queja, pregunta o sugerencia».

Por si no lo sabíais: Anna Wintour os escucha. O al menos «espera que la vean» como alguien que escucha.

Adoptar el papel de líder humilde tuvo que dolerle. La idea de que la Nuclear Wintour aprendiera a escuchar, ni que fuese un poco, parecía tan probable como que se trasladara a Calcuta para cuidar a huérfanos y leprosos. Pero ella sabía lo que tenía que decir, y lo dijo. ¿Quizá eso sea progresar?

---

[10] Ginia Bellafante, «Can Anna Wintour Survive the Social Justice Movement?», *New York Times*, 12 de junio de 2022, https://www.nytimes.com/2020/06/11/nyregion/anna-wintour-conde-nast-racism.html.

Tim Cook, el director callado

Tim Cook, director general de Apple, ha sido calificado como el mejor líder del mundo.[11] También es uno de los mejores oyentes del mundo, un superpoder que utiliza en su beneficio.

A primera vista, Cook es un tipo reservado y de voz suave, natural de Alabama y con cierto acento sureño, que no suele hablar demasiado. Es el polo opuesto de su predecesor, Steve Jobs, el cofundador de Apple, a quien le encantaba enemistarse con los demás: «Esta idea es una mierda. Es la mayor tontería que he oído» era uno de sus comentarios típicos. Jobs creía que la mejor información se obtenía provocando una discusión o un debate. Quería que defendieras tu idea convirtiendo una reunión en una pelea a gritos, un combate intelectual. Si no podías hacerle frente, estabas jodido.

Cook parece creer que obtendrá más y mejor información si se acomoda en su silla y deja hablar a los demás. No lo hace por cortesía, sino porque a veces eso le revela cosas que no querían contarle. Al igual que Jobs, intenta llegar a la verdad. Solo que por un camino distinto.

Cook es tan experto que, hasta cuando la gente se prepara para defenderse de sus artes oscuras, consigue que hablen utilizando únicamente el lenguaje corporal, las expresiones faciales, los asentimientos y unos cuantos «hum» y «ajá» bien colocados.

Mi amiga Kim Malone Scott, *coach* de ejecutivos en Silicon Valley, lo aprendió cuando la entrevistaron para un trabajo en Apple y tuvo que conocer a Cook. «Un amigo me advirtió antes de ir a hablar con Tim —cuenta Scott—. Me dijo: "Tim es muy callado. Te arrastrará a una conversación a la que no quieres ir a parar. Así que ten cuidado"».

Scott es sociable y habladora, pero decidió controlarse. Antes de la reunión, sentada frente al despacho de Cook, se recordó que debía actuar con cautela. «Piensa antes de hablar. No empieces a divagar. Mantén la concentración». No tenía ningún secreto que ocultar, pero quería causar una buena impresión.

---

[11] «Tim Cook», *Fortune*, 26 de marzo de 2015, https://fortune.com/worlds-greatest-leaders/2015/tim-cook/.

Los dos se sentaron en cómodos sillones uno frente al otro, charlaron un poco y luego Cook le hizo una pregunta: «Me parece estupendo que la gente decida cambiar de carrera. ¿Cuáles son tus motivos?». Eso fue lo único que dijo. Luego se sentó y escuchó. No era simpatiquísimo, pero tampoco antipático. Era inescrutable.

Scott sabía que Cook prestaba atención, pero no sabía qué estaba pensando. Así que habló. Y siguió hablando. Al cabo de unos minutos se dio cuenta de que no había parado de hablar y, peor aún, que por razones desconocidas le estaba contando un error garrafal que cometió cuando trabajaba en Google. «Salí del embrujo y me dije a mí misma: "A ver, ¿por qué le estoy contando esto? ¿Cómo he llegado a este punto? Si no me callo ahora mismo, me quedaré sin trabajo"».

Scott aún no sabe cómo lo hizo Cook. Había entrado en la reunión decidida a callarse, tener cuidado y hablar con intención; sin embargo, allí estaba, perdida en el limbo, justo donde su amigo le había advertido que podía acabar.

La buena noticia es que a Cook le gustó y le dio el trabajo. Mejor aún: Scott aprendió una lección sobre el poder de la escucha que ahora aplica a su gestión del personal. Si te sientas y los dejas hablar, al final te dirán la verdad. «Es entonces cuando te enteras de las cosas que la gente no quiere decirte. O, a veces, de las cosas que tú no quieres saber».

Desde entonces Scott ha escrito dos libros sobre las relaciones interpersonales en el trabajo. Desarrolló un concepto de gestión que denomina «sinceridad radical» —también es el título de uno de sus libros— y cree que hay que ser casi brutalmente directos y francos con la gente en el trabajo.

Scott ofrece otro consejo relacionado con el arte de callarse: «Deja sin decir tres cosas triviales al día». Eso se aplica al trabajo, pero también a las relaciones sentimentales. «Dejarse cosas en el tintero implica que no se es quisquilloso. Nuestra mente es un filtro, y somos más felices cuando dejamos pasar por alto las cosas sin importancia».

Líderes que escuchan

J. W. *Bill* Marriott Jr., el multimillonario jefe de la compañía hotelera Marriott, probablemente sabe más de hostelería que casi nadie en el mundo. Lleva toda la vida en este negocio que aprendió de su padre, fundador de la empresa. A pesar de sus conocimientos, Marriott pasa la mayor parte del tiempo haciendo preguntas y escuchando a los demás. ¿Su famoso lema? «Las cuatro palabras más importantes en inglés son *"What do you think?"* (¿Qué piensas?)».

Barack Obama dice que lo primero que aprendió como organizador comunitario es que «llegas a un barrio y tu reacción inicial es decirle a la gente lo que debería interesarle, en vez de pasarte los primeros seis meses escuchando y averiguando lo que realmente les interesa».[12]

Richard Branson, fundador de Virgin Group, ganó miles de millones contratando a personas inteligentes y escuchándolas a ellas y a sus clientes. Desde sus inicios al frente de una tienda de discos en Londres, y luego como director de una discográfica, Branson mostró una gran capacidad para escuchar a la gente y averiguar lo que quería. Esa habilidad le llevó a expandir su imperio a aerolíneas, ferrocarriles, viajes espaciales y otros negocios.

La imagen pública de Branson como intrépido espíritu libre y fanfarrón empedernido dado al autobombo, de larga melena rubia y aspecto de estrella de cine, es un poco engañosa. En realidad, Branson es un gran oyente que deja hablar a los demás. Dice que se convirtió en un buen oyente por necesidad: tiene dislexia y superó los estudios escuchando más que leyendo.

Muchos empresarios de éxito son disléxicos.[13] Sospecho que, como Branson, desarrollaron una gran capacidad de escucha cuando eran niños que luego les fue muy útil en el mundo de los negocios. Branson escribió un libro sobre cómo dirigir a las personas

---

[12] «Obama Promotes Listening Skills in First Public Appearance After Leaving Office», YouTube, 24 de abril de 2017, https://www.youtube.com/watch?v=LQM5alO1rWs.

[13] Louise Tickel, «Dyslexic Entrepreneurs—Why They Have a Competitive Edge», *Guardian*, 15 de enero de 2015, https://www.theguardian.com/small-business-network/2015/jan/15/dyslexic-entrepreneurs-competitive-edge-business-leaders.

—*El estilo Virgin. Escuchar, aprender, reír y liderar*— en el cual dedicó un tercio al arte de escuchar. Una cita clave: «Nadie ha aprendido nunca nada escuchándose a sí mismo».

Otro de los trucos de escucha de Branson: tomar notas. Siempre lleva un cuaderno y anima a sus empleados a hacer lo mismo. Tomar notas te obliga a concentrarte en lo que se dice y demuestra a la persona que habla que estás prestando atención y que te importan sus palabras.

Letrados que escuchan

Steven A. Cash me dijo que cuando trabajaba como ayudante del fiscal en Nueva York «teníamos dos adagios: "Los neumáticos dejan huella" y "Nadie se queda callado"». El primer adagio significa, literalmente, que si utilizas un coche para cometer un delito, te van a pillar. El segundo significa que un fiscal puede conseguir una confesión sentándose a escuchar, porque los sospechosos «siempre quieren hablar —afirma Cash—. Nunca nadie se ha negado a hablar conmigo. En los interrogatorios nadie me dijo: "Quiero a mi abogado, no quiero hablar con usted". Muchos de mis interrogatorios consistían en decir, simplemente: "Cuénteme qué ha pasado". Dejaba la grabadora encendida, me arrellanaba, murmuraba "ajá" o "vale" y me limitaba a escuchar. Nadie se quedaba callado». En las películas, los abogados son grandes oradores, gente que se pone en pie y pronuncia conmovedores alegatos finales. Sin embargo, en el día a día lo importante es escuchar.

Una vez Cash resolvió un caso de secuestro dejando que el sospechoso hablara de trivialidades: cuándo había desayunado, qué había desayunado, qué clase de bollo había comido. El sospechoso negó haber cometido el delito, pero al hablar mostraba un extraño tic verbal: tenía la costumbre de decir «pum» al final de sus frases. «Así que entro en la tienda y cojo el periódico, pum. Voy a casa y me como un bollo, pum». Cuando los fiscales escucharon las grabaciones de las llamadas que pedían el rescate, el secuestrador tenía el mismo tic verbal, decía «pum» al final de cada frase. «No teníamos mucho sobre él» aparte de ese tic verbal, recuerda Cash. «Pero creo que le cayó una buena condena». La misma capacidad de escucha fue vital, me dijo, cuando más tarde se convirtió en agente de la CIA. No quiso entrar en detalles, pero es evidente que escuchar y hacer hablar a la gente puede ser algo fundamental en esa línea de trabajo.

En la actualidad Cash es un abogado corporativo que dedica mucho tiempo a preparar y asesorar a quienes tienen que testificar ante un jurado o un juez, hablar con el FBI o declarar en juicios civiles. Su enseñanza esencial es escuchar la pregunta y responder únicamente a esa pregunta. «Hay que concentrarse mucho —dice—. La gente no suele escuchar la pregunta que se le hace. Dejan de escuchar y responden lo que creen que les han preguntado».

Esto no significa mentir. Significa encontrar la manera de responder a la pregunta con sinceridad sin ofrecer nada más. Es algo que a la mayoría le resulta increíblemente difícil porque no hablamos así en nuestra vida cotidiana. Cash ofrece un ejemplo: alguien pregunta: «¿Sabes qué hora es?». La respuesta educada, la que utilizaríamos en una conversación ordinaria, sería: «Sí, las tres». La respuesta que debe dar un testigo es: «Sí».

La profesora de escucha

Armado de inspiración, busqué a alguien que pudiera enseñarme el arte de callar y escuchar. Encontré a Sandra Bodin-Lerner, que imparte un curso sobre cómo escuchar en la Universidad Kean de Nueva Jersey. Reconoce que es una materia poco habitual. «Cuando digo que enseño a escuchar, siempre me responden: "¿Qué? ¿Qué?". Me hacen esa broma a menudo». La otra respuesta habitual: las mujeres quieren que sus maridos se matriculen, y los maridos dicen lo mismo de sus mujeres. «Es fácil reconocerlo en los demás, ¿verdad? —me dijo Bodin-Lerner—. Creemos que a todos se les da mal escuchar. La mayoría no se percata de que eso los incluye a ellos».

Hablamos por Zoom, lo que sabía que no sería fácil para mi concentración. Antes seguí mi pequeño ritual de preparación: respiraciones profundas, recordatorios para mantener el contacto visual y prestar atención. Y grabé la llamada para no distraerme tomando notas.

Y, sin embargo: fracasé.

El problema no fue que perdiera la concentración. El problema fue que no pude callarme. Cuando miré la transcripción de la grabación, comprobé que en nuestra conversación de una hora yo había hablado el ochenta por ciento del tiempo. Allí ante mí, en la página, había largas parrafadas de mis balbuceos. Nunca es divertido leer una transcripción de uno mismo hablando, pero esta fue especialmente brutal. Envié un correo electrónico a Bodin-Lerner y le dije que (a) estaba muerto de vergüenza; (b) me asombraba su habilidad para escuchar y la trampa que me había tendido, y (c) tenía que entrevistarla de nuevo.

Cuando volvimos a hablar, lo conseguí. Había practicado mucho desde nuestra primera conversación y me enorgullecía de mis aparentes progresos. Pero también me di cuenta de algo extraño, y es que incluso en esta llamada, en la que pensaba que había hablado muy poco, la transcripción reveló que en varios momentos había pronunciado un montón de frases, por lo general del tipo: «Sí, a mí me pasó lo mismo...».

Esta es una de las grandes distracciones que Bodin-Lerner enseña a sus estudiantes: el impulso de contar tu propia historia para acompañar a la que acabamos de escuchar. Otras son la necesidad de dar consejos y la de demostrar nuestra inteligencia. También que, en lugar de escuchar, estemos pensando lo que vamos a decir, o que tenemos una idea genial que olvidaremos si no la contamos enseguida.

Bodin-Lerner se gana principalmente la vida como profesora de oratoria, pero durante los últimos veinte años ha dado conferencias en Kean sobre comunicación interpersonal, lo que a grandes rasgos consiste en enseñar a la gente a mejorar sus relaciones, ya sean profesionales, sociales o amorosas. Se percató de que escuchar era una parte importante —y en gran medida ignorada— de todo el proceso. «En el libro de texto había un capítulo sobre la escucha, nada más».

Su departamento le dio luz verde para crear un curso dedicado exclusivamente a la escucha. Siete años después es un éxito absoluto y sus estudiantes la adoran. De treinta y cinco valoraciones en *Rate My Professors*, veintisiete la calificaron de «impresionante». Un estudiante escribió: «Es el curso más beneficioso que he seguido en todos mis años de universidad». Bodin-Lerner dice que su curso sigue siendo de los únicos que se imparten sobre escucha en el país.

«Lo principal que enseño es que escuchar tiene que ser un acto intencionado —afirma—. Hay que decidirlo, hay que decirse: "Voy a contener mi necesidad de hablar. Cuando algo despierte una idea o una emoción en mí, controlaré el impulso de expresarlo de inmediato". El primer paso es darse cuenta, ser consciente del proceso de escucha. Y escuchar es dificilísimo. Requiere mucho esfuerzo mental. Es agotador».

Una técnica que practica con los alumnos: antes de una conversación, decídete a ser el «primer oyente» y deja que la otra persona hable antes que tú. Ocurre algo asombroso cuando escuchas y prestas mucha atención. La otra persona se vuelve más interesante. No es que parezca más interesante, sino que realmente lo es. «Hay estudios que lo demuestran. La gente se abre y se comunica mejor cuando se le escucha. Si lo piensas, tiene su lógica», dice Bodin-Lerner.

Una de sus últimas alumnas era una mujer muy habladora que se quejaba de que su novio era poco comunicativo. Bodin-Lerner le impuso la tarea de pasar tiempo con su novio y obligarse a escuchar. «Volvió a clase con una revelación: "Resulta que si me callo y escucho, tiene muchas cosas interesantes que decir"».

Como tarea final del semestre, Bodin-Lerner pide a sus alumnos que mantengan una conversación con alguien con quien les resulte difícil hablar o que tenga opiniones muy distintas de las suyas, y que escuchen hasta que aprendan algo nuevo e interesante de esa persona. Es insoportable, «pero siempre vuelven con una información enorme que desconocían porque solo percibían a esa persona como irritante y molesta». El récord de mayor revelación lo ostenta una estudiante que descubrió que su padre había combatido en la Revolución nicaragüense, había sido capturado y había escapado. Por alguna razón, nunca lo había mencionado, quizá porque nadie le escuchaba.

Los estudiantes siempre preguntan si pueden traer a sus amigos y familiares a clase, así que Bodin-Lerner reserva un día para eso. «Siempre dicen: "¿Puedo traer a mi madre? Porque no sabe escuchar". Han comprendido que escuchar puede influir en sus vidas y lo fomentan. Dicen: "Todo el mundo debería hacer un curso de escucha". Es asombroso».

Una alumna trajo a sus padres, que estaban divorciándose. La visita no salvó su matrimonio, pero quizá los ayudó a entenderse un poco mejor. Los estudiantes intercambian mucha información personal. No es terapia de grupo, pero casi. «Es realmente hermoso, al final del trimestre se sienten muy unidos».

Bodin-Lerner ayuda a dirigir la Asociación Internacional de la Escucha, con sede en Minnesota, que existe y cuenta con cientos de miembros en todo el mundo. La asociación ofrece cursos de formación que otorgan el título de «profesional certificado en escucha», publica un boletín llamado *Listening Post*, patrocina el Día Internacional de la Escucha e incluso tiene un Salón de la Fama de la Escucha y una convención anual. «La gente comenta: "Esas convenciones deben de ser muy silenciosas"; todo el mundo nos lo dice», afirma Bodin-Lerner.

La primera vez que intenté visualizar una convención de la Asociación Internacional de la Escucha me imaginé una película de Wes Anderson en la que hombres con perilla y cuello alto (miembros del Salón de la Fama) pululaban por la sala de baile de un hotel, escuchándose entre sí. Pero Bodin-Lerner me permitió asistir a un taller mensual de la asociación y, para mi sorpresa (y también mi decepción, lo admito), los participantes eran normales y no tenían nada de extravagante. Un médico inglés habló de escuchar en el campo de la medicina.

Escuchar se ha convertido en algo habitual en el mundo corporativo y las empresas han empezado a contratar a Bodin-Lerner para que imparta talleres a sus empleados. Esta afirma que las empresas deben percatarse del papel que desempeña la escucha para avanzar en otras cuestiones. «Se nos dice constantemente que tenemos que mantener conversaciones difíciles sobre diversidad, equidad e inclusión, que tenemos que escucharnos los unos a los otros, pero nadie nos enseña a hacerlo».

Ascender por la escala de la escucha

Los aspirantes a líder asisten a cursos de Dale Carnegie con la esperanza de aprender a ser grandes oradores... solo para descubrir que Carnegie consideraba que escuchar era tan importante como hablar: «Escucha primero. Da a tu oponente la oportunidad de hablar. Déjale terminar. No te resistas, defiendas ni debatas. Eso solo levanta barreras».

En *Cómo ganar amigos e influir sobre las personas* Carnegie define una «escala de la escucha» que comprende cinco niveles:

1. *No prestar atención.* No te interesa en absoluto.
2. *Fingir.* Asientes, sonríes, pero no atiendes.
3. *Seleccionar.* En términos informáticos, solo dedicas una parte de la capacidad de microprocesamiento a la conversación. En lugar de procesar todo el contenido, buscas palabras clave y las utilizas para extrapolar lo que dice la persona.
4. *Prestar atención.* Es lo que otros llaman escucha activa.
5. *Empatizar.* Eso ya es cosa de maestros zen: cuando escuchas tan atentamente que te sientes como si estuvieras dentro de la cabeza de la otra persona.

Al mantener una conversación, seamos conscientes del lugar que ocupamos en la escala e intentemos subir peldaños, para después aferrarnos al último escalón durante el mayor tiempo posible. La mayoría de la gente puede llegar al nivel cuatro y mantenerse ahí durante un tiempo. ¿Llegar al nivel cinco? Bueno, estoy en ello.

Lecciones de escucha

Escuchar pone en marcha un círculo virtuoso. Cuanto más escuchamos, menos hablamos. Cuanto menos hablamos, más tiempo podremos dedicar a escuchar. Es una de esas cosas que nunca se dominan del todo. Con el tiempo se vuelve más natural, pero siempre requiere esfuerzo y concentración.

Una forma de empezar es con ejercicios de escucha. Sentaos con un compañero y pedidle que os cuente una historia. No toméis notas mientras habla. Limitaos a escuchar. Cuando acabe, escribid todo lo que recordéis o intentad contarle la historia y comprobad vuestra versión comparada con lo que la persona ha contado. Parece fácil, pero probablemente recordaréis menos de lo que esperáis. Si repetís este ejercicio una y otra vez, vuestra capacidad de escucha mejorará.

También podéis probar el juego de las tres preguntas que Andy Crissinger, de Reboot, utiliza con sus clientes. Buscad un compañero y empezad escribiendo cada uno tres preguntas abiertas para hacerle al otro. Durante tres minutos, uno pregunta y el otro responde. Luego se cambian los papeles. El que escucha debe permanecer en silencio durante los tres minutos. Si el orador termina de hablar antes del plazo, hay que permanecer en silencio el resto del tiempo.

Una vez que ambos hayáis usado vuestro turno, dedicad cuatro minutos a hablar de lo que habéis sentido al limitaros a escuchar. ¿Qué se siente al escuchar? ¿Qué habéis sentido al hablar? ¿Qué habéis aprendido de lo que os han contado? ¿Qué habéis advertido? ¿Qué se os ha ocurrido?

He aquí otras técnicas que pueden convertirnos en mejores oyentes:

Guardar el móvil. Cuando Christine Lagarde se convirtió en presidenta del Banco Central Europeo, dio una orden a los veinticuatro comisarios del Consejo de Gobierno: no se permitirían más móviles ni iPads en las reuniones.[14] A diferencia de su predecesor, Mario Draghi, que pasaba mucho tiempo consultando su móvil y su iPad mientras los demás hablaban, Lagarde habla muy poco y escucha mucho. Y exige lo mismo de los demás.

Programar descansos entre llamadas de Zoom. Si es posible, no hay que programar reuniones consecutivas. Si no queda otra, al menos hay que tomarse un descanso de cinco minutos. Nos

[14] Balazs Koranyi, Francesco Canepa y Frank Siebelt, «No Phones, No Leaks: How Lagarde Is Making Her Mark on ECB», Reuters, 10 de febrero de 2020, https://www.reuters.com/article/us-ecb-policy-lagarde-insight/no-phones-no-leaks-how-lagarde-is-making-her-mark-on-ecb-idUSKBN2040NO.

levantaremos de la mesa y caminaremos sin mirar la pantalla. Esto nos dará un poco de energía que nos ayudará a concentrarnos durante la siguiente llamada.

Prepararse. Antes de entrar en una cafetería para quedar con un amigo, tomaos un minuto para centraros. Sentaos en el coche y respirad hondo. Relajaos. Calmaos. Jerry Colonna, de Reboot, lo denomina «autorrelajación». Antes de poder escuchar a la otra persona hay que alcanzar el estado de ánimo adecuado: abierto, receptivo, preparado para lo que ocurra.

Imaginar que se es un actor de improvisación. Cuando improvisan, los actores utilizan una técnica conocida como «sí, y», que consiste en que, diga lo que diga la otra persona, se empieza por estar de acuerdo y se continúa a partir de ahí. (Empezar con un «no» puede dar al traste con la obra). La improvisación consiste en escuchar y seguir con lo que dice la otra persona. No entréis en una conversación con comentarios planificados. No impongáis una línea determinada. Dejad que la conversación siga su curso.

Preguntar. Así es como se consigue que el otro hable. Hacer preguntas es un arte en sí y aprender puede requerir cierta práctica. Haced preguntas abiertas. Resistid la tentación de interrumpir. No penséis en lo que vais a decir cuando la otra persona termine de hablar.

Utilizar el lenguaje corporal. Mostrad a la otra persona que la estáis escuchando. Inclinaos hacia ella. Asentid con la cabeza. Sonreíd. Nada de fruncir el ceño ni de expresiones que muestren desacuerdo o desaprobación. Más de la mitad de la comunicación se basa en el lenguaje corporal.[15] Hay que mantener una postura abierta, sin cruzar los brazos, sin moverse. El movimiento transmite al interlocutor que el oyente está distraído. El esfuerzo necesario para mostrar que estamos escuchando nos obligará a escuchar.

Usar recordatorios. Tengo una nota encima del ordenador: «¡ESCUCHA!», que veo siempre que estoy en una videoconferencia o hablando por teléfono. Tom Peters se escribe lo mismo en el dorso de la mano.

---

[15] «How to Use the 7-38-55 Rule to Negotiate Effectively».

Grabarse. Mantened una conversación, grabad lo que decís y enviadlo para que lo transcriban. (Hay sitios web que lo hacen a buen precio). Leed la transcripción y comprobad cómo os ha ido. Lo primero que notaréis es lo descuidadas que son las conversaciones. Pero también tendréis una representación visual de la parte de la conversación que habéis ocupado. Para mí ha sido un ejercicio doloroso, pero también revelador, que al final me ha ayudado a callarme y escuchar.

Y ahora eres perfecto

Benjamin Franklin se propuso alcanzar la perfección moral creando una lista de trece virtudes y practicando cada una por turnos. La segunda virtud de su lista era el silencio, que iba acompañada de esta advertencia: «Habla solo cuando pueda beneficiar a otros o a ti mismo; evita conversaciones triviales».

Franklin dio prioridad al silencio en su lista de mejoras personales porque, según confesó, tenía el hábito de «parlotear, hacer juegos de palabras y bromear, lo que solo me hacía aceptable para hablar de nimiedades». Creía que desarrollar la disciplina de callarse le haría mejor persona y le permitiría adquirir conocimientos, que «se obtienen más por el uso de los oídos que de la lengua».

No está claro hasta qué punto Franklin consiguió permanecer en silencio, pero llevó a cabo grandes logros. Al parecer, también desarrolló aversión a los que hablaban más de la cuenta, que es lo que me ha pasado a mí. Cuando empecé este viaje, me encantaba conocer a compañeros habladores con los que podía satisfacer mi adicción. Ahora me molestan muchísimo. Soy como el exfumador que no soporta estar cerca de fumadores.

Cuando terminaba este libro, volví a hacer la prueba de la escala Talkaholic para ver si había progresado. Esta vez, en lugar de obtener cincuenta puntos, la puntuación más alta posible, acabé con cuarenta, al límite de ser hablador compulsivo. Lo mejor es que mi mujer me dio treinta y ocho. Por supuesto, el test no es preciso y los resultados pueden estar influidos por prejuicios y deseos. Pero creo que he progresado.

A veces sigo cotorreando y de pronto me sorprendo a mí mismo en pleno danálogo, pero al menos soy consciente de ello. Tal vez hablar menos sea algo que nunca me resulte natural. Probablemente siempre requiera esfuerzo y concentración. Pero me controlo mucho más que antes y noto los beneficios a diario.

Al tener más autocontrol, me siento menos ansioso, menos enfadado, menos propenso a los arrebatos y más capaz de «ser un poco sordo», como dijo Ruth Bader Ginsburg. He hecho retroceder la rueda de la ansiedad. Me he convertido en mejor oyente y mejor padre, mucho menos dado a molestar a mis hijos con un danálogo o a avergonzarlos hablando de más con desconocidos. Curiosamente, mi mujer, Sasha, también ha cambiado. Ahora, cuando estamos en situaciones sociales, yo soy el callado y ella habla mucho más que antes. Es como si el hecho de que yo haya aprendido a callarme le haya dado a ella la oportunidad de brillar. Aunque empecé este viaje con la esperanza de solucionar mis problemas, he descubierto que el verdadero poder de callarse es que con él puedo ayudar a los que me rodean y hacer que sus vidas también sean mejores.

He encontrado oportunidades para pasar tiempo en silencio y he desarrollado la disciplina de poder sentarme con alguien y sentirme conectado sin decir una palabra, lo que los japoneses llaman «hablar con la barriga». Dedico menos tiempo a charlas triviales y más esfuerzo a mantener conversaciones significativas y sustanciosas, del tipo que el psicólogo Matthias Mehl denomina «elemento esencial para disfrutar de una vida satisfactoria».

Mi mundo contiene menos ruido y más alegría, menos remordimientos y más paz. Básicamente soy más feliz. Espero que cuando leáis este libro, también encontréis en el silencio el camino a la felicidad.

AGRADECI MIENTOS

AGRADECI MIENTOS

P or coherencia con el espíritu de estas líneas, intentaré ser breve, pero siempre estaré en deuda con las muchas personas que dedicaron su tiempo a hablar conmigo durante la redacción de este libro, sin las cuales no habría sido posible. Entre ellas, Virginia Richmond, que se convirtió en mi amiga; Michael Beatty, de la Universidad de Miami, un colega adicto a la conversación tan entretenido como informativo, y Matthias Mehl, que me enseñó a mantener «conversaciones significativas y sustanciales» manteniéndolas conmigo. Gracias también a Katie Donovan, Sandra Bodin-Lerner, Amos Clifford, Jason Axsom, Jerry Colonna, Andy Crissinger, Kim Malone Scott, Todd Lynch y otros que me ofrecieron consejo, información y orientación.

Gracias a mi agente, Christy Fletcher, y a mi editor, James Melia, que supo de qué iba el libro incluso antes que yo. Muchas gracias a Amy Einhorn y a todos en Henry Holt and Company: Caitlin O'Shaughnessy, Laura Flavin, Pat Eisemann, Omar Chapa, Christopher Sergio, Morgan Mitchell, Kenn Russell, Janel Brown y Jason Reigal. Gracias también a Jenna Dolan y Mark Lerner. También quiero agradecer especialmente a Lori Kusatzky su paciencia, sabiduría y esfuerzo.

Sobre todo, gracias a mi familia. Sois una bendición.